짤/라/보/는 고전

군주론

짤/라/보/는 고전

UNIT Ⅰ. 세상의 작동 원리에 관한 고찰

짤라보면 리더의 길이 보인다!

군주론

원작 **니콜로 마키아벨리**

큐레이션 **시민 K**

141 messages

리더의 생존을 위한 마키아벨리의 금지옥엽 같은 조언

혹은, 마키아벨리를 읽는 짤고만의 특별한 시선

HERMONHOUSE

왜, 짤라보는 고전인가?

서사를 양보하고 메시지를 픽하다

시대를 막론하고 고전이 끊임없이 회자되는 이유는 그것이 가지고 있는 가치와 메시지가 동시대에도 여전히 유효하기 때문이다. 그래서 많은 사람들이 고전을 소비하려 노력하지만 고전이 가지고 있는 행간의 무게는 결코 가볍지 않아 완독에 실패하는 경우가 많다.

'짤라보는 고전' 시리즈는 뭐든 쉽고 빠르게 소비되는 '짤방' 전성시대에, 고전만 고귀하게 무게를 잡고 있을 필요가 있겠냐는 반문과 동시에 다이어트에 성공한 고전이라면 더욱 매력적인 텍스트가 될 수 있겠다는 희망을 가지고 기획되었다.

'짤고' 시리즈는 원문이 가지고 있는 서사적 완결성을 다른 번역본들에게 양보하는 대신, 원작의 가치와 메시지를 동시대인의 눈높이에 맞추는데

중점을 두고 '큐레이션(curation)' 됐다.
불필요한 서사는 과감히 제거하고 엑기스를 뽑아내듯 핵심만 요약해서 현대의 언어로 재해석했고, 고전과 현재의 적절한 긴장감을 위해 매 단락마다 현실과의 콘텍스트(context)를 시도했다.
물론 '짤고' 시리즈가 고전을 제대로 이해하는데 가장 적합한 형태로 구성됐다고 말할 수는 없다.
미로처럼 얽혀 있는 텍스트 사이를 유영하면서 한 문장, 한 문장 행간에 내포돼 있는 의미까지 곱씹으며 고전의 가치를 느껴보길 원하는 이들에게 '짤고' 시리즈는 한없이 가벼울 수 있다.
감독의 세계관이나 연기자의 섬세한 감정선을 따라잡기 위해서 '짤방'보다 '본방'을 봐야 하는 것과 마찬가지로, 고전의 가치를 제대로 느끼기 위해서는

원문을 가장 충실하게 번역한 책을 읽는 것이
바람직하다.

하지만, 짤방 전성시대에 익숙한 독자들을 위해,
책장에 모셔놓는 고전보다는 읽혀 소비되는 고전을
위해, 그리고, '짤고' 시리즈를 읽고 획득한 고전의
가치와 메시지를 통해 고전을 통달한 것처럼
간지(かんじ [感じ])나게 얘기할 수 있다면…,
'짤고'의 목표는 이룬 셈이다.

/무엇을, 짤라볼 것인가!

부족하지만, 부끄럽지 않은…,

'짤고' 시리즈는 3개의 유닛(unit), 총 10권으로 구성됐다.
수백 년 전에 쓰인 고전들이 오늘을 살아내야 하는 이들의 삶에 어떤 의미를 가질 수 있을지 장고한 끝에 나온 결론이다.
첫 번째 유닛은 고전을 통해 우리가 발 딛고 서 있는 세상이 어떻게 작동하는지 들여다볼 수 있도록 했다.
마키아벨리의 〈군주론〉을 통해 리더의 생존 방법을 모색해보고, 루소의 〈사회계약론〉을 통해 좋은 정치의 조건을 되새겨보며, 몽테스키외의 〈법의 정신〉을 통해 법의 존재 이유에 대해 되물어본다.
덤으로 루터의 〈95개 반박문〉을 통해 포스트 코로나19 시대 기독교인들에게 '기독교인들다움'이 무엇인지 되돌아볼 수 있도록 했다.

두 번째 유닛은 고전을 통해 우리의 존재 이유에 대해 들여다볼 수 있도록 했다.
다윈의 〈종의 기원〉을 통해 인간의 생물학적인 근원을 되새겨보고, 니체의 〈차라투스트라는 이렇게 말했다〉를 통해 인간이 왜 존재해야 하는지 철학적인 자문을 해보며. 프로이트의 〈꿈의 해석〉을 통해 인간을 구성하는 정신과 육체의 관계에 대해 접근해 볼 수 있도록 했다.
세 번째 유닛은 고전을 통해 우리네 생각의 근원을 들여다볼 수 있도록 했다.
〈논어〉를 통해 동양 정치 · 경제 · 윤리 시스템의 원형을 들여다보고, 〈장자〉를 통해 동양 도가사상의 토대를 되짚어보며, 사마천의 〈사기_열전〉을 통해 인물들의 혁혁한 발걸음을 따라가 볼 수 있도록 했다.

'짤고' 시리즈가 독자들에게 어떻게 읽힐지 알 수 없지만, 부족하지만, 부끄럽지 않은…, 뇌를 살찌우고 삶을 빛나게 할 알찬 종합선물세트가 되길 기대해 본다.

〈군주론〉에 대한 이해

전직 관료의 국가 통치 가이드북

〈군주론〉은 1513년 이탈리아 피렌체 태생의 니콜로 마키아벨리(Niccolo Machiavelli, 1469~1527)가 집필한 저서이다.
피렌체의 명문가에서 태어난 마키아벨리는 29세 때인 1498년 외교관으로 공직생활을 시작했다. 이후 15년 동안 외교관으로 뛰어난 능력을 보였지만, 1512년 피렌체 공화정이 붕괴되고 메디치 가문의 군주정이 복원되자 공직에서 쫓겨났다. 이어, 1513년 반정부 음모에 가담했다는 혐의로 투옥되었다. 같은 해 4월 교황 레오 10세가 즉위하자 마키아벨리는 특사를 받아 석방되었다. 하지만 피렌체에 머물 수 없게 되자 은둔자의 생활을 하게 된다. 그 무렵 저술한 책이 〈군주론〉이다.
당시는 르네상스 말기인 16세기 초로, 교황을

중심으로 하는 중세의 질서가 무너지고 근대국가의 틀이 갖춰지는 시기였다. 피렌체 공화국, 베네치아 공화국, 나폴리 왕국, 밀라노 공국, 로마 교황령 등이 이탈리아 반도를 차지하려 다투고 있었고 프랑스, 스페인, 독일 등 이미 통일을 이룬 외세의 침략이 쉴 틈 없이 이어졌다. 마키아벨리는 메디치 가문처럼 강력한 힘을 가진 군주가 이탈리아 반도를 통일시키고 외세로부터 해방시켜줄 것이라 생각하고, 그 기대를 〈군주론〉에 담아냈다.

마키아벨리는 〈군주론〉에서 외교관이었던 자신의 경험을 토대로 '군주는 어떻게 권력을 얻고, 어떻게 그것을 유지할 수 있을 것인가'에 초점을 맞추고, 줄곧 정치적으로 불안정했던 피렌체 공화국의 운명을 어떻게 하면 바람직한 방향으로 바꿀 수 있을 것인가에 대해 기술하고 있다.
하지만 〈군주론〉은 마키아벨리가 살아 있을 때는 출간되지 못하다가 사망 5년 후인 1532년 로마에서 출간되었다. 〈군주론〉은 후대에 고대와 중세의 전통적인 사상과 도덕에 반기를 들었던 최초의 근대 철학서로 평가받았지만, 출간 직후인 1536년 레디나르 폴 추기경은 〈군주론〉을 악마의 사상이라고 비난했으며, 1559년 로마 교황청으로부터 〈군주론〉을 비롯한 마키아벨리의 모든 저서가 금서로 지정되었다.

<군주론>을 큐레이션(curation)하며

잡놈의 수고

지인과 술을 마시다 〈군주론〉에 관한 이야기가
나왔다.
방송에 여러 차례 소개됐기 때문인데, 지인이 내게
〈군주론〉을 읽었는지 물었다. 커리어의 대부분을
'글밥'을 먹으며 살아왔기에 당연히 읽었으리라는…,
설마 안 읽었겠냐는…, 기대감과 의구심이 뒤섞인
눈빛을, 나는 본능적으로 감지했다.
순간, 움찔했다.
그 기대감 가득한 눈빛은 어떤 의미였으며,
혹시라도 읽지 않았다면 비난을 받아 마땅하다는
조소 섞인 표정은 어떤 의미였을까?
〈군주론〉에는 힘이 있다. 사람을 움찔하게 하는 힘!
책을 안 읽는 독서혐오주의자라도 인간의 존엄을
위해 왠지 읽어줘야만 할 것 같은, 그 운명적인 느낌.

전 세계를 강타한 베스트셀러의 화려한 유혹에도 흔들리지 않지만, 〈군주론〉을 읽지 않은 것은 마치 부정한 수단으로 군대를 가지 않은 것 같은 그 느낌 말이다.

〈군주론〉의 그런 힘의 근원이 무엇인지 읽고 나면 명료해진다. 현란한 문장에 현혹되어 남는 메시지는 금세 잊히지만, 500년 전 유배당한 전직 관료 마키아벨리가 오직 생존을 위해 절절하게 새겨 놓은 메시지는 오랫동안 가슴에 머물기 때문이다.

나는 닥치는 대로 글을 쓰는 '잡놈'에 불과하지만, 500년의 간극을 극복하고 마키아벨리의 절절한 메시지를 전달하기 위해 〈군주론〉을 읽고 또 읽고, 다시 읽었다. 〈군주론〉 행간에 켜켜이 숨어 있는 메시지를 채집하기 위해 수고를 아끼지 않았다.

덕분에 편두통과 위궤양을 얻었지만, 그 정도는 감수할 만하다.

〈군주론〉에 그 정도 가치는 충분하다.

차례

차례

헌정사

니콜로 마키아벨리가
로렌초 디 피에로
데 메디치
전하께
올리는
글

001

집필 목적

대부분의 사람들이 군주의 환심을 사기 위해 뇌물을 바치지만 난 충성의 표시로 나의 전부를 바치겠다. 그건 내가 모든 걸 걸고 조사한 고대사에 대한 연구인데, 그 결과를 책으로 엮어 당신에게 바친다.

군주의 환심을 얻으려 하는 사람은 대개 자신이 지니고 있는 물건 중 가장 귀중한 것이나 혹은 군주가 받고 기뻐할 만한 것을 가지고 찾아뵙는 것이 관례입니다. 저도 충성의 표시로 무엇인가 전하께 바치고자 했지만, 제가 가진 것 가운데 근래에 일어난 여러 사건에 대한 오랜 경험과, 고대사에 관한 꾸준한 연구를 통해 터득한 위인의 행적에 대한 지식 말고는 그다지 귀중하거나 가치 있는 것이 없음을 깨달았습니다. 그래서 신중하고도 정성스럽게 검토하고 심사숙고한 지식을 이 한 권의 작은 책으로 엮어 전하께 바치고자 합니다.

짧고 메시지

군주론의 집필 목적을 밝힌 편지 형식의 서문. 군주를 향한 저자의 순정과 <군주론>의 순수성에 대한 깨알 같은 셀프 칭찬으로 살짝 민망한 느낌이 든다.

002

역지사지(易地思之)

혹시라도 군주의 통치에 관해 조언할 위치에 있지 않은 사람의 말이라고 해서 무시하지 않길 바란다. 그리고 그림을 사실적으로 묘사하기 위해 가까이에서 세밀한 관찰이 필요하듯, 백성을 잘 다스리기 위해서는 백성의 위치에서 생각해야 한다.

신분이 낮고 천한 자가 감히 군주의 통치에 관해 논하거나 그에 관한 지침을 제시하는 것은 건방진 소행이라고 생각하실지 모릅니다. 그러나 부디 그렇게 여기지 않기를 바랍니다. "

풍경을 그리는 사람이 산이나 고지의 특징을 살펴보기 위해서는 골짜기와 같은 낮은 지대에 있어야 하고, 평지를 그리는 데 좋은 전망을 위해서는 산꼭대기라도 올라가 보아야 하듯이, 백성의 성격을 제대로 파악하기 위해서는 군주의 위치에 설 필요가 있고, 또 군주의 성격을 제대로 파악하기 위해서는 백성의 위치에 설 필요가 있습니다. "

짧고 메시지

비록 나는 유배당한 전직 관료에 불과하지만 나의 진정성을 의심하지 않길 바라며, 아울러 백성들과 눈높이 좀 맞춰주길 바란다.

003

복직에 대한 염원

이 책을 제대로 읽는다면 당신이 이탈리아 반도 통일의 주역이 되기를 바라는 나의 마음을 알 수 있을 것이다. 혹시라도 그렇게 된다면 유배당해 고통 받고 있는 내가 있다는 사실을 명심하길 바란다.

전하께서 만일 이 책을 꼼꼼하게 읽고 그 뜻을 깊이 새기신다면, 저의 깊은 소망, 즉 운명의 신과 전하의 뛰어난 능력이 약속하는 위대함을 이루셔야 한다는 뜻을 헤아리시게 될 것입니다. ”

후일 전하가 그 높은 곳에서 이 낮은 곳에 눈을 돌리신다면, 운명으로부터 혹독하고 부당한 고통을 당하고 있는 제가 있다는 사실을 아시게 될 것입니다. ”

짤고 메시지

반드시 이탈리아를 통일해 자신을 다시 등용해달라는 저자의 간절한 염원을 담고 있다.

제 1 장

군주국의 종류 및 그 성립 과정

004

군주국이란?

국가의 통치체제는 딱 두 개, 공화국 아니면 군주국이다. 군주국은 가문에 의해 대대손손 이어지는 세습제 군주국과 새로 군주가 돼 다스리는 신생 군주국으로 구분된다. 다른 나라의 영토는 주로 무력을 이용해 얻지만, 간혹 운이나 능력 등 다른 요소에 의해 얻어지기도 한다.

오늘날까지 민중을 지배해 왔거나 또 현재 지배하고 있는 국가나 통치체제는 공화국 아니면 군주국이다. 군주국은 주권이 군주의 가문에 의해 이어지는 세습제이거나 아니면 신생 군주국이다.

영토를 얻기 위해서는 다른 사람의 무력을 이용하거나 아니면 자신의 무력을 사용하는 경우가 있으며, 행운이나 호의에 의한 경우와 아니면 능력에 의한 경우가 있다.

짧고 메시지

당시 국가 통치체계를 설명한 도입부.
참고로, 공화국은 국민의 대표가 나라를 다스리는 형태를 말하고, 군주국은 왕이 나라를 다스리는 형태를 말한다. 이를테면 "짐이 곧 국가요"같은 형태. 이름이 군주론인 관계로 이 책에서 공화국에 대한 언급은 거의 없다.

제 2 장

세습 군주국

005

상속자의 혜택

세습 군주국의 백성들은 선조들의 지배에 익숙해져 있다. 따라서 새로운 군주가 기존의 지배방식을 크게 벗어나지 않으면 어렵지 않게 국가를 유지할 수 있다. 이전부터 내려오던 지배방식의 기조를 유지하되, 일상적으로 소소하게 벌어지는 일에 대한 대처만 가능하면 통치에 별다른 어려움이 없다는 말이다.

이탈리아 페라라 공작이 대표적인 예이다.

1484년 베네치아군의 공격과 1510년 교황 율리우스 2세의 공격을 물리칠 수 있었던 것도 대대손손 그의 가문이 그 지역에서 백성들을 다스려왔기 때문이었다.

세습 군주 입장에서 통치에 별 어려움이 없으니 딱히 백성을 괴롭힐 이유도 없고, 괴롭힘을 당하지 않으니 당연히 백성들도 군주를 미워하지 않는다.

군주 가문의 통치에 길든 세습 군주국은 그 통치 과정에서 겪는 어려움이 신생 군주국보다 훨씬 덜하다고 할 수 있다. 세습 군주국은 기존의 관습에서 벗어나지 않으면서 의외의 사태에 적절히 대처하기만 하면 충분하기 때문이다. 그러므로 세습 군주가 보통의 근면과 능력만 갖추고 있다면, 대적하기 어려울 정도로 강력한 힘에 의해 그 자리를 빼앗기지 않는 한, 자신의 국가를 유지할 수 있다.

짤고 메시지

부러움 반, 시샘 반. 사실상 거저먹기나 다름없는 세습 군주에 대한 마키아벨리의 부러움 가득한 시선.

제 3 장

복합 군주국

006

자수성가의 어려움

다른 나라의 영토를 점령해서 탄생하는 신생 군주국을 복합 군주국이라 한다. 신생 군주국은 통치에 어려움이 따르는데, 그 이유는 민중들이 스스로 자신들의 처지를 개선할 수 있다고 생각되면 지배자를 바꾸려는 목적으로 무기를 들기 때문이다.
이런 이유로 복합 군주국의 군주는 정복하는 과정에서 백성들을 괴롭힐 수밖에 없는데, 때문에 백성들은 대부분 군주의 적이 된다. 게다가 군주가 되는데 도움을 줬던 사람들도 군주가 자기들 입맛에 맞지 않으면 등을 돌리기 십상이다.
따라서 신생 군주가 살아남기 위해서는 지역 거주민의 지지를 얻는 것이 중요하다.

신생 군주는 자신의 군대를 통해, 또한 정복에 따른 수많은 가해 행위를 통해 언제나 새로운 백성들에게 피해를 가할 수밖에 없다. 이런 상황은 또 다른 자연스럽고 정상적인 필요에 의해 발생하게 된다. 다른 군주국을 병합하는 과정에서 피해를 본 자들은 모두 군주의 적이 되며, 또한 일찍이 그가 새로운 지배자가 되는 데 지원했던 사람들까지도 그들이 기대한 만큼 만족시켜 주지 못할 때는 더 이상 우호적인 관계를 유지할 수 없다. 그렇다고 신세를 진 그들에게 강권을 휘두를 수도 없다. 그러므로 신생 군주는 아무리 강력한 군대를 가지고 있다 할지라도 새로운 지역을 점령하기 위해서는 그 거주민의 지지를 얻어야 한다. ”

짧고 메시지

신생 군주의 삶은 고달프다. 부모로부터 나라를 물려받지 못한 원죄, 자수성가해 나라를 획득한 신생 군주가 오롯이 감당해야 할 몫이다.

007

잃었던 영토를 다시 획득한 경우

프랑스의 루이 12세는 단숨에 밀라노를 점령했지만
루도비코 스포르차는 곧바로 자신의 군대로
그 지역을 되찾았다. 프랑스 왕의 침략을 도왔던
백성들은 새로운 지배자가 자신들의 기대를
충족시켜줄 수 없다는 걸 알았기 때문이다.
반란을 일으킨 영토를 되찾은 경우,
군주는 다시 그런 일이 발생하지 않도록
견고하게 시스템을 재정비한다. 반역자를 처벌하는
등 통치상의 취약점을 보완하는 것이다.
스포르차가 처음 밀라노 지역에서 루이 12세를
몰아낼 때는 국경 부근을 교란하는 것으로
충분했지만, 이후 프랑스에게 다시 그 지역을 빼앗긴
후 재탈환할 때는 모든 국가들이 연합해 프랑스에
대항해야 했다.

반란을 일으킨 영토를 다시 획득할 경우, 이는 쉽게 잃어버리지 않는다. 왜냐하면 군주가 이전의 반란을 거울삼아 반역자를 처벌하고, 혐의자를 찾아내어 안전을 꾀하며, 자신의 통치상 취약점을 보완하는 데 더욱 단호하게 처신할 것이기 때문이다. "

❗ 짤고 메시지

리벤지 매치(revenge match)가 흥미로운 이유는 이전의 경험을 통해 서로의 장단점을 안 상태에서 다시 한 번 승부를 가린다는 점 때문이다. 승부의 관건은 누가 승패의 원인을 더 잘 분석하고 치밀하게 보완했는가에 따라 갈린다.

008

대중들의 속성

정복한 지역이 동일한 언어를 사용하는 곳이라면,
군주는 반드시 두 가지를 명심해야 한다.
첫째, 예전에 그곳을 다스리던 군주의 혈통을 확실히 근절할 것.
둘째, 기존의 법률이나 세금제도에 변화를 주지 말 것.
주민들은 이전에 살던 방식과 별 차이가 없다면,
군주가 누구든 상관없이 평화롭게 살아갈 수 있기 때문이다.
오랫동안 프랑스에 의해 지배를 받은 브르타뉴,
부르고뉴, 가스코뉴, 노르망디의 경우가 대표적인 예인데, 그들은 언어는 달랐지만 공통적인 풍습이 있어 쉽게 어울려 살 수 있었다.

정복되어 본국에 병합된 영토의 경우, 우선 그 영토가 동일한 언어를 사용하는 동일한 지역에 있는지 살펴보아야 한다. 만약 그런 지역이라면 그 영토를 유지하는 것은 매우 쉬운 일이며, 더욱이 병합된 영토의 주민이 자치적인 생활에 익숙지 못한 경우라면 특히 쉬울 것이다. 그 영토를 안정적으로 유지하기 위해서는 지금까지 지배해 온 혈통을 근절시키는 것으로 충분하다. 그 밖의 다른 일에 관한 한, 주민들은 옛날부터의 생활양식이 그대로 지속되고 관습상의 차이가 없으면 평화롭게 살아갈 수 있기 때문이다.

짤고 메시지

대중들의 속성을 꿰뚫는 마키아벨리의 탁월한 시각. 사실 대중들은 자신의 삶에 별다른 영향이 없다면 누가 군주로 있든 큰 관심이 없다.

009

직접 통치의 효용성

불가피하게 정복한 지역민의 삶의 방식이 이전과 달라져야 할 경우 가장 효과적인 통치 방법은 정복자가 그 지역으로 이주해 사는 것이다. 그리스를 통치했던 투르크가 좋은 예인데, 그들은 현지에서 직접 살면서 분란을 미리 탐지하고 신속하게 대책을 세워 조치했다. 군주가 직접 살게 되면 그가 임명한 공직자들에 대한 부패를 막을 수 있어 백성들이 군주를 의지할 수 있게 된다. 더 발전하면 백성들의 존경까지 받을 수 있는데, 잘못하더라도 대놓고 저항하지 못하기 때문에 효과적인 통치가 가능하다.

언어, 관습, 제도가 다른 영토를 병합할 경우 많은 어려움이 따르고, 그곳을 유지하는 데도 커다란 행운과 엄청난 노력이 필요하게 된다. 그런 영토에 대한 가장 효과적인 해결책은 정복자가 그 지역으로 이주하여 정착하는 것이다. "

군주가 직접 살게 되면 그가 임명한 관리들이 백성들을 함부로 약탈하지 못할 것이며, 백성들도 그들의 군주에게 언제나 의지할 수 있으므로 만족하게 된다. 그로 인해 만일 주민이 충성심을 품고 있다면 군주를 흠모하게 되고, 역심을 품더라도 군주를 두려워하는 이유가 되며, 이 나라를 공력하려는 외부의 적도 무척 신중을 기하게 된다. "

짧고 메시지

복잡다단한 통치 환경이라면 직접 관리하라. 어떤 탁월한 관리 시스템도 가까이에서 직접 살피는 것보다 나을 순 없다.

010

식민지를 건설하는 방법

군주가 정복한 지역에 살기 힘들 경우, 차선책은 주요 거점에 식민지를 건설하는 것이다. 식민지를 건설하게 되면 이주민들에게 땅과 집을 내주어야 하는 사람들이 생기지만, 그들은 조직화되어 있지 못하고 가난하기 때문에 군주에게 위협적이지 않다. 또한 비용도 거의 들지 않아 효과적이다.

차선의 해결 방법이 있다면, 영토의 중요 거점이 될 만한 몇 군데에 식민지를 건설하는 일이다. 만약 그렇게 하지 않으면 대규모의 기병대나 보병을 주둔시키는 것이 필요하다. 식민지를 운영하는 데는 비용이 거의 들지 않는다. 극히 적은 비용을 들이거나 아니면 전혀 비용을 들이지 않고도 식민지를 건설하고 유지할 수 있다. 식민지를 건설하는 데 피해를 보는 것은 새로운 이주민에게 그 경지와 집을 내주어야 하는 사람들뿐이다. 그런 식으로 피해를 보는 사람들은 국가 전체로 볼 때 일부에 지나지 않는다. //

짧고 메시지

뉴타운(new town) 건설의 효용은 16세기 이탈리아에서 최초로 제기되었다.

011

친구 아니면 적

하지만 명심해야 할 것이 있다. 사람을 다룰 때는 너그럽게 포용할 것이 아니면, 철저하게 짓밟아야 한다는 점이다. 보복은 생각도 못할 정도로 끔찍하게….

사람을 다룰 때는 너그럽게 포용하거나 철저하게 짓밟아야 한다. 사람은 사소한 피해에 대해서는 보복을 꾀하지만 엄청난 피해를 입었을 경우에는 감히 보복할 생각도 못하기 때문이다. 따라서 누군가에게 피해를 입힐 때는, 복수에 대한 걱정이 생기지 않을 정도로 확실하게 해야만 한다. ”

짧고 메시지

마키아벨리의 냉혹한 화두, '내 편을 만들거나 철저하게 짓밟아라!' 섬뜩하지만 공감하지 않을 수 없다.

012

군대 주둔에 관한 손익계산

식민지 건설 대신 군대를 주둔시키는 방법도 있다. 하지만 군대를 유지하는 데는 엄청난 비용이 든다. 심지어 군대의 주둔지를 옮길 때마다 심각한 폐해가 일어날 수 있다. 더불어 주민들은 그런 불편 때문에 분노를 느끼고 군주의 적이 될 수도 있다. 이런 점을 고려해 봤을 때 군대를 주둔시키는 것은 효과적인 방법이라 할 수 없다.

식민지를 건설하는 대신 군대를 주둔시킨다면, 그 비용이 훨씬 커질 것이다. 그 지역의 모든 수입은 그 군대를 유지하는 데 들여야 하기 때문이다. 그리고 군대가 그 주둔지를 이곳저곳으로 옮기면서 보다 더 심각한 폐해가 일어나게 될 것이다. ”

짤고 메시지

식민지에 군대를 주둔시키는 것은 가성비가 떨어질 뿐만 아니라 역효과가 일어날 수 있다는 주장. 대체로 합리적이다.

013

정복자의 숙명

본국과 언어 및 풍습이 다른 지역을 정복한 군주는 인접 국가보다 강한 힘을 가져야 한다. 그 지역 주변 강력한 국가의 힘을 약화시키고 어떤 일이 벌어졌을 때 외부 세력이 개입하는 일이 없도록 경계해야 한다. 통치에 불만을 품은 사람들은 언제나 외부 세력을 끌어들이기 때문이다.
일반적으로 약소국들은 자신을 지배해 온 이전 군주를 싫어하기 때문에 무조건 새로운 군주를 지지하려는 성향이 있다. 때문에 약소국들을 점령해 새로운 군주가 되는 건 비교적 쉽지만, 언제든 주변에서 더 강력한 힘을 가진 군주가 나타날 수 있기 때문에 주변 지역 강국의 힘을 견제해야 한다.

본국과 언어 및 풍습이 다른 지역을 정복한 군주는 인접한 보다 약한 국가의 맹주가 되어 스스로 보호자로서의 역할을 감당해야 한다. 그리고 그 지역의 강력한 국가를 약화시키고, 돌발적인 사건에 의해 강력한 외부 세력이 그 지역에 개입하는 일이 없도록 경계하지 않으면 안 된다. ”

일반적으로 외부의 강력한 세력이 한 지역에 침입할 경우 그곳의 약소 세력들이 모두 침입자의 편을 들게 되는 것은 그때까지 자신들을 지배해 온 군주에 대한 원한 때문이다. ”

짤고 메시지

1등은 숙명적으로 강력한 도전에 직면할 수밖에 없다. 생존 방법은 간단하다. 도전자들의 싹을 자르거나 압도적으로 강해지는 것뿐이다.

014

로마의 통치방식

로마의 통치방식은 모범 답안에 가깝다.
점령한 지역의 식민지 건설, 약소 세력과의 우호 관계 유지 및 견제, 강대해진 세력에 대한 과감한 진압, 강력한 외국 세력에 대한 선제적 조치까지, 뭐 하나 소홀하지 않았다.
그리스 통치의 예가 대표적이다. 로마인들은 아카이아인, 아이톨리아인과 우호 관계를 유지했고, 마케도니아 왕국을 진압하고, 안티오코스를 몰아냈다. 게다가 로마인들은 자신을 도운 아카이아인과 아이톨리아인이 힘이 커지는 것을 용납하지 않았다. 또한 동맹을 원하는 필리포스의 제안을 거절했으며 강력한 군사력을 소유한 안티오코스의 침입을 허용하지 않았다.

로마인들은 자신들이 점령한 지역에서
이런 정책을 매우 훌륭하게 시행했다.
그들은 식민지를 건설하고, 약소 세력에 대해서는
힘을 키우지 못하도록 견제하면서
우호 관계를 유지하고, 강대해진 세력은 진압하고,
강력한 외국 세력이 그 지역에 영향력을 행사하지
못하도록 조치를 취했다. ”

짤고 메시지

Rome was not built in a day.
'로마는 하루아침에 이루어지지 않았다'는 속담은 그냥 탄생한 것이 아니다.

015

로마인의 선견지명

현명한 군주는 현재뿐 아니라 미래를 예측하고
대비해야 한다. 사건이 벌어졌을 때는 이미 늦다.
로마인들은 재난을 미리 예견해 대책을 마련했다.
또, 전쟁이 두려워 문제가 커지도록 방치하지 않았다.
전쟁은 회피할 수 있는 것이 아니라
적에게 유리한 상황이 될 때까지
연기될 뿐이라 믿고 있었기 때문이다.
로마인은 이탈리아에서 전투를 벌이는 대신
그리스에서 필리포스나 안티오코스를 맞아 싸우는
쪽을 택했다. 당시 그들은 두 세력과의 전쟁을 피할
수도 있었지만 그렇게 하지 않았다.
그들은 유리한 시간이 오길 기다리는 대신, 자신들의
힘을 통해 문제를 해결하는 방법을 선택했다.
'시간'은 모든 것을 몰고 오기 때문에,
결국 이득과 함께 해악을, 해악과 함께 이득을
가져오는 것이라 생각했다.

로마인들은 재난을 미리 예견하여 언제나 적절한 대책을 마련할 수 있었다. 그들은 전쟁을 피하기 위해 문제가 커지는 것을 결코 용납하지 않았다. 왜냐하면 전쟁은 회피할 수 있는 것이 아니라 다만 적에게 유리한 상황이 될 때까지 연기될 뿐임을 잘 알고 있었기 때문이다. ”

짤고 메시지

역시, 로마는 하루아침에 이루어지지 않았다.
로마인들은 치밀하게 계획하고, 냉철하게 판단했으며, 과감하게 실행했다.
그리고 결단이 필요한 순간에 주저하지 않고 싸웠다.

016

프랑스 왕의 침공을 도운 베네치아인들의 욕심

이탈리아를 오랫동안 지배해 온 프랑스 루이 12세의 경우를 살펴보자.

베네치아인들은 프랑스 루이 12세의 힘을 등에 업고 롬바르디아 영토를 차지하려 했다. 덕분에 루이 12세는 이탈리아를 침공할 수 있었다.

루이 12세가 침공하자 제노바는 항복했고, 피렌체는 그의 동맹이 되었다. 베네치아인들은 그제야 자신이 경솔했음을 깨달았다. 롬바르디아에서 두 개의 도시를 얻기 위해 프랑스 왕에게 이탈리아의 3분의 1을 바친 셈이 됐다.

루이 12세는 베네치아인들의 야망 덕분에 이탈리아를 침공할 수 있었다. 그들은 루이 12세를 끌어들임으로써 롬바르디아 영토의 반을 획득하려 했던 것이다. 루이 12세가 택한 정책을 비난하려는 것은 아니다. 그는 이탈리아에 전초기지를 마련하려 했으나 그 지역에는 어떤 동맹도 없었으며, 오히려 지난날 샤를 왕의 처신의 결과로 모든 성문이 폐쇄되어 있었기 때문에, 동맹을 맺을 수만 있다면 누구와도 상관없었다. ”

짧고 메시지

예수가 제자에 의해 팔려 갔듯이, 이탈리아 비운의 역사도 내부인에 의해 자행되었다.

017/

프랑스 왕의 과욕

루이 12세가 로마처럼 앞서 말한 통치방식을 따르고 그 동맹국들을 유지하고 보호했다면 큰 노력 없이 이탈리아에서 정복자의 위상을 구축할 수 있었을 것이다. 그에게는 많은 동맹이 있었는데 일부는 교회 세력을, 일부는 베네치아인들을 두려워했기 때문에, 그의 편을 들지 않을 수 없었다.
그러나 루이 12세는 밀라노에 입성하자마자 교황 알렉산데르 6세의 로마냐 점령을 도왔다. 당연히, 동맹국과 그쪽에 동조하는 사람들과 사이가 벌어져 세력이 약화되었고, 결과적으로 교황권을 강화시키게 되었다. 하지만 결정적 실수는 약해진 힘을 만회하기 위해 경쟁자인 스페인 왕을 끌어들인 것이다. 즉, 나폴리 왕국에 자신을 몰아낼 수 있는 강력한 인물을 앉히는 실수를 저지른 것이다. 군주가 영토를 확장시키려는 것은 당연하지만, 자신의 능력이 아닌 타인의 도움을 받아 그 일을 행할 경우 발생하는 참혹한 결과는 전적으로 본인이 책임질 수밖에 없다.

영토를 확장하려는 욕구는 매우 당연하고 정상적인 것으로, 능력 있는 사람이 그 일을 할 때 그들은 비난이 아니라 오히려 찬사를 들을 것이다. 그러나 그럴 능력이 없는 자들이 무리하게 이를 추구할 경우, 그것은 실책으로 이어지며 그들은 비난을 면치 못하게 된다. 만일 프랑스 왕이 자신의 군대를 이끌고 나폴리를 공격할 능력이 있었다면 당연히 그렇게 했어야 했다. 만일 그럴 수 없었다면, 나폴리를 분할하지 말았어야 한다. ”

짧고 메시지

결과론적인 측면에서 봤을 때, 목표를 위해 수단과 방법을 가리지 않는 것은 그 자체로 응당 칭찬할 만하다. 하지만 수단과 방법이라는 것도 자신의 힘으로 감당할 수 있는 수준이어야 한다. 목표를 위해 수단과 방법을 가리지 않은 것은 비단 어느 특정인에게만 허용된 일이 아니기 때문이다.

018

점령한 세력의 올바른 관리방법

결국, 루이 12세는 다섯 가지 실수를 범했다.
약소 세력들을 섬멸한 것, 이탈리아에 있는 알렉산데르 6세의 세력을 강화시킨 것, 이탈리아에 강력한 외세를 끌어들인 것, 자신이 직접 그 지역에 거주하지 않은 것, 그리고 그곳에 식민지를 건설하지 않은 것 등이다.
루이 12세는 점령자의 기본을 지키지 않았기 때문에 결국 롬바르디아를 잃고 말았다. 하지만 결정적 실수는 베네치아인들의 힘을 약화시킨 것이다.
교황권을 강화시키고 스페인을 끌어들인 상태에서 베네치아인들의 힘을 약화시킨 것은 결정적인 패착이었다. 프랑스 왕과 베네치아인들이 공존하고 있었다면 그 어떤 세력도 함부로 두 나라를 상대로 싸우려 하지 않았을 것이고, 결국 롬바르디아를 침략하지 못했을 것이다.

물론 교황권을 강화시키거나 에스파냐를 이탈리아 땅에 끌어들이지만 않았더라도, 그가 베네치아를 멸망시킨 것은 정당하고도 필요한 일이었을 것이다. 그러나 이미 앞의 두 가지 결과를 초래한 이상 결코 베네치아의 몰락을 용인해서는 안 되는 것이었다. 베네치아인들이 강한 힘을 지니고 있는 동안에는 다른 세력이 롬바르디아를 침략하지 못하도록 막았을 것이다. ”

짧고 메시지

전쟁에서 포로를 살려두는 것이 단지 인도적인 이유 때문만은 아니라는 점을 명심하자.

019

프랑스 왕이 몰락한 이유

결국, 루이 12세는 점령자가 지켜야 할 원칙을 간과해 롬바르디아를 잃었다. 그건 정치를 이해하지 못했기 때문에 생긴 당연한 결과다. 정치의 속성을 알았다면 교황의 권력이 커지도록 방치하지 않았을 것이다. 결과적으로 이탈리아에서 교황과 스페인이 행사하고 있는 강대한 세력은 프랑스 왕이 자초한 것이며, 그들이 프랑스 왕 루이 12세의 몰락을 가져온 것이다.

다른 사람을 강하게 만드는 자는 반드시 자멸한다. 강한 세력은 고도의 전략과 힘을 통해 이뤄지는데, 그 두 가지가 역으로 파멸을 이끄는 것이다.

이런 사실로부터 결코 소홀히 할 수 없는 일반 원칙을 끌어낼 수 있다. 즉 다른 사람을 강하게 만드는 자는 자멸을 초래한다는 것이다. 강대한 세력은 교묘한 술책이나 힘을 통해 이루어지는데, 그 두 가지는 바로 그로 인해 세력을 얻게 된 자가 두려워하는 것이기 때문이다. "

짤고 메시지

따지고 보면 우리의 일상도 정치의 속성과 별반 다르지 않다.

제 4 장

알렉산드로스 대왕이 정복한 다리우스 왕국은 왜 대왕 사후에 반란을 일으키지 않았는가?

020

독재와 협치 사이에서

그리스의 전설적인 군주 알렉스산드로스 대왕은 불과 몇 년 만에 아시아를 손에 넣었지만, 자리도 잡기 전에 세상을 떠났다. 정복자가 단시간에 사라졌으니 당연히 반란을 일으킬 거라 예상했지만, 별다른 문제가 발생하지 않았다.

왜일까? 그 이유는 군주국의 두 가지 통치방식으로 설명할 수 있다.

하나는 군주가 자신이 임명한 측근들과 함께 통치하는 방식이고, 다른 하나는 지역의 유지격인 봉건 제후와 함께 통치하는 방식이다.

전자의 경우 측근들은 자신을 임명한 군주에게 충성을 다하지만 백성들의 신임을 받지는 못한다.

반면에, 봉건 제후들은 군주와의 관계는 끈끈하지 않지만 각자 자신의 땅과 백성들의 지지기반을 가지고 있다.

모든 군주국은 두 가지 서로 다른 방법에 의해 통지되어 왔다는 사실을 상기할 필요가 있다. 그중 한 가지는 군주가 자신의 뜻에 따라 임명한 대신들의 도움을 받아 통치하는 방식이고, 나머지 하나는 군주가 봉건 제후와 더불어 통치하는 방식인데, 그 제후들은 군주의 임명이 아니라 세습된 혈통에 의해 그 지위를 유지하고 있다. 이 경우 제후들은 각자 자신의 영지와 그들을 주인으로 인정하고 충성을 바치는 백성을 가지고 있다.

짧고 메시지

권력을 유지하기 위한 두 가지 방법! 최상위 권력자가 자신의 측근들로 세력을 구축하는 것과 기존 세력과의 협치, 혹은 연대를 통해 세력을 공고히 하는 것. 권력이 가지고 있는 본질적인 속성 탓에, 그 구조는 예나 지금이나 별반 차이가 없다.

021

두 가지 종류의 통치방법

투르크 왕국은 전자에 속하고,
프랑스는 후자에 속한다.
투르크 왕국은 군주의 힘이 절대적이다. 지역을 관리하는 관료들도 군주가 임명하고, 교체나 해고도 군주의 마음대로 한다. 프랑스 왕은 세습 제후들과 함께 통치하는데, 제후들은 각기 충성스런 백성들을 거느리고 있다. 그들은 각기 고유의 권한을 가지고 있어 왕도 쉽게 특권에 손댈 수 없다.
투르크 같은 형태의 국가는 정복하기는 힘들지만 통치는 비교적 쉽고, 프랑스 같은 국가는 정복하기는 비교적 쉽지만 통치하기가 힘들다.

투르크 왕국은 온전히 한 군주에 의해 지배되고 있으며 나머지 사람들은 모두 그의 신하에 불과하다. "

프랑스 왕은 세습 제후들에 둘러싸여 있는데, 그 제후들은 각자 자신들을 인정하고 충성을 바치는 백성들을 거느리고 있다. 그들은 각각의 고유한 특권을 가지고 있으며, 왕이라 할지라도 위험을 각오하지 않고는 그 특권을 건드릴 수 없다. "

짧고 메시지

어떤 권력 구조든 일장일단이 있기 마련이다.

022

정복은 어렵지만 통치가 쉬운 투르크

투르크 왕국을 정복하기 힘든 이유는 군주가 임명한 측근들이 군주를 배반하기 어렵다는 점과 혹시라도 측근을 포섭해 매수했더라도 그 영향력이 일반인들에게 미치지 않는다는 점 때문이다. 그런 이유로 투르크 왕국을 정복하기 위해서는 스스로 분열되기를 기대하기보다는 압도적인 군사력으로 극복할 수 없는 타격을 가하는 것이 필요하다. 군사력을 통해 일단 정복에 성공하면 군주의 혈통 외에는 두려워할 것이 없다. 그들만 차단해도 백성들과의 연결고리가 사실상 차단되기 때문에 통치에 어려움이 없다.

투르크 왕국을 정복하기 힘든 이유는, 첫째 정복하려는 자는 그 왕국의 신하들로부터 원조 요청을 받을 가능성이 없다는 것이고, 둘째 군주의 측근들이 반란을 일으켜 정복을 쉽게 해주리라는 희망도 없기 때문이다. 관리들은 모두 군주에게 복속되어 추종하고 있기 때문에 그들을 타락시키기 쉽지 않다. 또 비록 타락시켰다 해도 백성들까지 추종하도록 만들지 못하기 때문에 별다른 도움을 기대할 수 없다. ”

짤고 메시지

한곳에 집중된 힘은 강력하지만, 한번 그 힘을 잃으면 사실상 회복 불능 상태에 빠지고 만다.

023

정복은 쉽지만 통치가 어려운 프랑스

반대로 프랑스 같은 나라는 군주에게 불만을 품고 있는 제후 중 누군가와 결탁하면 침탈도 쉽고 승리에 도움을 줄 수도 있다. 하지만, 정복한 이후가 문제다. 군주를 제거해도 다른 제후들이 문제를 일으킬 소지가 많고, 그들이 백성들과 끈끈한 스킨십을 가지고 있어 통치에 많은 어려움이 따른다. 그런데 그들을 완전히 만족시킬 수도 제거할 수도 없기 때문에, 결국 통치를 이어가기가 매우 힘든 상황이 발생하고 만다.

프랑스와 같이 통치되고 있는 나라는 이와 반대되는 현상이 나타난다. 즉 그곳에는 불만을 품고 있는 세력과 변화를 바라는 세력들이 있으므로, 그 왕국의 제후 중 누군가와 결탁하면 쉽게 진격해 들어갈 수 있다. ”

짤고 메시지

권력을 분산시켜야 하는 진짜 이유. 군주 입장에서는 '내가 곧 국가'라는 생각을 하고 싶겠지만, 군주와 국가의 등식관계는 군주를 제외하고는 그 누구도 받아들일 수 없는 셈법이다.

024

성공적인 정복자가 되기 위해 필요한 것

알렉산드로스 대왕이 점령한 다리우스 왕국의 통치 형태도 투르크 왕국과 비슷하다. 점령 과정에서 다리우스 왕을 죽였기 때문에, 통치에 어려움이 없었다. 심지어 통치자들 스스로 일으킨 분란을 제외하고는 미비한 저항도 일어나지 않았다. 하지만 프랑스 왕국처럼 권력이 조직화 되고 분산되어 있는 경우는 다르다. 로마가 지배했던 에스파냐, 프랑스, 그리스에서 반란이 자주 일어났던 것도 그런 이유 때문이다. 그들에게는 스스로 지역을 통치하던 기억이 남아 있었기 때문에 로마인들은 그들을 안정적으로 통치할 수 없었다. 로마의 통치가 오래 지속돼 그 기억마저 사라지자 이 지역은 드디어 로마의 것이 되었고, 이후 로마인들 사이에 내분이 일어나 각각을 분할해 지배하게 되었다. 결론적으로, 알렉산드로스 대왕이 통치할 수 있었던 것과 다른 정복자들이 통치에 실패한 것은, 정복자의 능력에 의한 것이 아니라 정복한 지역의 특성에 기인한 것이다.

이런 사실을 감안한다면, 알렉산드로 대왕이 아시아 지역에서 그토록 쉽게 영토를 유지했던 사실, 그리고 피토스를 비롯한 다른 정복자들이 점령한 영토를 유지하는 데 많은 어려움을 겪었다는 사실에 대해 의아하게 생각할 필요가 없다. 그와 같은 상반된 결과는 정복자의 능력 여하에 따른 것이 아니라 정복된 지역의 특성에 기인한 것이기 때문이다. //

짧고 메시지

권력의 함수 관계는 흥미롭다.
추종자들의 충성심에 대중의 무관심이 더해져 구축된 권력은 철옹성처럼 공고하다. 하지만 더 큰 힘에 의해 한번 권력이 무너지면, 큰 파도가 지나간 것처럼 흔적조차 남지 않는다. 반대로 대중적인 지지와 연대를 통해 유지되는 권력은 일견 미약해 보이지만, 어떤 큰 힘도 그것을 완전히 소멸시키지 못한다.

제 5 장

병합되기 전 그
고유의 법에 따라
살아온 도시나
국가에
대한
통치

025

반란의 씨앗, 자유

자유롭게 사는데 익숙한 공화국을 점령한 경우 세 가지 통치방법이 있다. 그 나라 제도의 완전한 파괴, 그곳으로 옮겨 직접 통치, 세금을 걷으면서 과두정부(소수의 사람이 함께 지배하는 방식) 체제 수립이다. 스파르타인들은 아테네와 테베에 과두정부를 수립해 통치했지만 3년도 채 되지 않아 도시를 잃었다. 로마인들은 카푸아, 카르타고, 누만티아의 제도를 완전히 붕괴시켰고, 그 결과 도시를 잃지 않았다. 로마인들은 그리스에도 과두정부를 수립했으나 실패하고 결국 도시를 멸망시킬 수밖에 없었다. 결론적으로 자유롭게 사는 데 익숙한 국가를 지배하기 위해서는 완전히 파괴하는 수밖에 없다. 군주국과 달리, 백성들이 자유를 누리며 살았던 공화국을 정복한 군주는 그 도시를 완전히 멸망시키지 않으면 자신이 멸망할 수밖에 없다는 사실을 명심해야 한다. 한번 누렸던 자유는 어떤 강압적인 통치로도 소멸시킬 수 없는 것이고, 그것은 결국 반란의 씨앗이 되기 때문이다.

자유롭게 사는 데 익숙해진 도시의 새로운 지배자가 된 군주가 그 도시를 멸망시키지 않는다면, 오히려 그 도시에 의해 자신이 파멸된다는 사실을 명심해야 한다. 반란이란 언제나 자유의 정신과 옛날부터 전해 내려온 제도라는 명분에서 동기를 찾을 수 있기 때문이다. 그런 명분은 시간이 흘러도, 그리고 새로운 지배자가 주는 어떤 이득으로도 결코 잊히지 않을 것이다. //

짤고 메시지

사람이 동물과 구별되는 지점 중 하나인 자유에의 의지. 이것을 완전히 소멸시킬 수 있는 자만이 성공한 군주가 될 수 있다는 마키아벨리의 냉정한 통치철학.

026

타도하라, 자유

군주의 지배에 익숙한 나라는 복종의 습성이 남아 있기 때문에, 새로운 군주는 그들을 쉽게 정복할 수 있다.
하지만 공화국을 정복해 통치할 경우, 백성들은 자유에 대한 기억을 쉽게 잊지 못하기 때문에 군주는 백성들을 완전히 정복할 수 없다. 따라서 그런 나라를 통치하는 방법은 그곳을 완전히 파괴해 버리거나, 아니면 직접 그곳에 살면서 철저히 통제하며 다스리는 것이다.

공화국의 경우에는 더 확실한 생명력, 더 격렬한 증오, 그리고 복수에 대한 더 강한 집념이 있다. 그들은 오래 전에 누렸던 자유에 대한 기억을 쉽게 잊지 못하며, 또 잊을 수도 없다. 따라서 가장 확실한 방법은, 그 나라를 완전히 파괴해 버리거나 아니면 직접 그곳에 살면서 다스리는 것이다. ”

짧고 메시지

성공한 군주를 꿈꾸는 이들을 위한 마키아벨리의 실전 tip. 다시 한번 말하지만 인간의 자유는 완전히 억압할 수 없는 것이므로 완전히 파괴해 버려야 한다.

제 6 장

무력과 능력으로 얻은 신생 군주국

027

벤치마킹의 중요성

군주국에 대해 논할 때 새로운 인물과 정부를 예로 드는 것은 매우 의미 있는 일이다. 결국 모든 창조적 행위도 모방에서 나오기 때문에 위대한 인물들의 행보를 벤치마킹 하다 보면 비슷한 결과에 도달할 수 있을 것이다. 궁사가 과녁을 겨냥할 때 맞히려는 포인트보다 위쪽을 겨냥해야 그 지점에 도달할 수 있는 것처럼….

완전히 새로운 군주국에 대해 말하면서 가장 위해한 인물과 정부를 예로 든다 해도 그다지 놀랄 만한 일은 아니다. 사람이란 거의 항상 자신보다 앞서 살았던 사람들의 발자취를 따르고, 모방이야말로 인간 행동의 지도적 원리이기 때문이다. ”

자기 활의 힘을 알고 있는 궁사는 과녁보다 훨씬 높은 곳을 겨냥하는데, 이는 그 지점을 맞히려는 것이 아니고 높은 곳을 겨냥함으로써 과녁을 맞히려는 것이다. ”

❶ 짧고 메시지

모방이 창조의 어머니라는 교훈이 1500년대부터 통용됐다는 사실이 놀랍다. 하지만 더욱 놀라운 것은 모방의 유효성을 설명하기 위해 궁사를 소환한 마키아벨리의 문학적인 감각이다.

028

위기를 기회로 만든 사람들

모세, 키루스, 로물루스, 테세우스 같은 인물은
행운이 아니라 자신의 능력에 의해 군주가 된
대표적인 인물들이다.
모세에게는 이집트인들에게 노예로 탄압받던
이스라엘 백성이 필요했고, 그들은 노예 신분을
벗어나기 위해 그를 따를 준비가 돼 있었다.
로마를 건국한 로물루스 역시 어릴 때 버려져 늑대의
젖을 먹고 자라지 않고, 태어난 지역인 알바에
그대로 머물렀다면 로마를 건국할 수 없었을 것이다.
키루스 역시 메디아인들의 지배에 불만을 품은
페르시아인이 필요했고, 테세우스도 아테네인이
분열되지 않았다면 지금의 위대한 업적은
없었을 것이다.
결과적으로 위대한 군주의 성공은 그에게 다가온
특별한 환경과 기회를 통해서였고, 위대한 군주의
능력은 그것을 놓치지 않고 나라를 번영하게
만든 것이다.

그들을 성공하게 만든 것은 기회였으며, 그 기회를 알아차리고 잘 잡아 그 나라의 영광과 번영으로 일군 것은 오직 그들이 지닌 비범한 능력 덕분이었다. 그들처럼 자신의 능력에 의해 힘들게 나라를 차지한 인물들은 별다른 어려움 없이 그것을 유지한다. ”

짤고 메시지

위기와 기회는 한끝 차이라는 교훈은 언제나 유효하다. 맞닥뜨린 환경을 불평하며 한탄만 할 것인가? 아니면 자신에게 찾아온 기회로 여기며 성공의 발판으로 삼을 것인가?

029

새로운 질서를 만드는 방법

나라를 얻는 것만큼이나 어려운 것은 새로운 법과 제도를 도입하는 것이다.
과거 법과 제도에서 이익을 얻는 사람은 개혁에 반기를 들지만, 새로운 법과 질서를 통해 이익을 얻게 될 사람은, 당장은 경험적으로 확인된 이득이 없기 때문에 미온적일 수밖에 없다. 따라서 개혁은 늘 구질서를 지키려는 사람들에 의해 공격을 받고, 개혁을 하려는 세력은 위험에 빠지고 만다.
개혁을 하려는 사람들이 자신의 목적을 달성하기 위해서는 타인에게 의존하지 말고 자신의 능력과 힘을 사용해야 한다. 무력을 갖춘 예언자는 성공하지만 말뿐인 예언자는 몰락하고 만다, 게다가 민중은 천성적으로 변덕스럽기 때문에 그들이 저절로 믿게 하기 보다는, 강제적인 힘으로라도 믿게 해야 한다.

구질서로부터 이익을 얻었던 사람들은 개혁을 단행하는 인물에게 반기를 드는 반면, 새로운 질서로부터 이익을 얻게 될 사람들도 기껏해야 미온적인 지지자로 남아 있다. 이런 미온적인 태도는 한편으로는 자신들만의 법으로 이익을 누리던 적들에 대한 두려움, 다른 한편으로는 체험에 의해 확인되기 전까지는 새로운 질서를 믿지 않으려는 인간의 회의적 속성에서 비롯된다. "

새로운 질서에 의한 계획을 집행하는데 있어, 그들이 더 이상 믿으려고 하지 않을 때는 강제적인 힘으로라도 믿도록 해야 한다. "

짧고 메시지

개혁이든 개악이든, 변화시키려는 자는 늘 지키려는 자의 극렬한 저항에 부딪혀왔다. 그리고 시대를 막론하고 그것은 힘의 논리에 의해 반강제적으로 결정됐다.

제 7 장

타인의 무력과 행운에 의해 얻은 신생 군주국

030

준비된 권력자

자신의 능력이 아니라 다른 요소에 의해 군주가 된 사람은, 설령 그 자리에 올랐다고 하더라도 제대로 유지하기 어렵다. 사람이든 다른 어떤 것이든, 그를 군주로 만든 요소와 운명을 같이 하기 때문에 그 자리는 매우 불확실하고 불안정할 수밖에 없다. 통치자로서 갖춰야 할 자격에 대해 전혀 알지 못하고, 사전에 준비도 되지 않았기 때문에 닥쳐올 어떤 위기 상황에도 대처하지 못한다. 게다가 충성심을 가진 군대조차 없어 그의 국가는 풍전등화와 같다.

일개 시민에서 다만 운이 좋아 군주가 된 자는 그 자리에 오르기는 쉽지만 그것을 유지하는 데는 많은 어려움을 겪는다. 그런 자들은 쉽게 목적지에 도달했기 때문에 그 앞길에 아무 장애물이 없었지만, 시련은 이 이후에 닥쳐온다. ”

그들은 자신들의 권력을 유지하는 데 필요한 방법도 모르고 또 그런 능력도 부족하다. 대단한 지식이나 능력을 지니고 있지 않은 한, 줄곧 일개 시민으로 살아온 그들이 통치하는 방법을 안다는 것은 기대할 수 없다. ”

❗ 짧고 메시지

권력자에게 가장 필요한 것은 권력에 대한 욕망이다. 욕망은 비전의 가치체계가 다른 표현이다. 비전을 가진 사람은 그것을 이루기 위해 부단히 노력하기 때문에, 다른 요소에 의해 권력을 가진 이보다 훨씬 잘 준비돼 있을 수밖에 없다.

031

준비된 군주의 전형, 발렌티노 공작

흔히 발렌티노 공작으로 불리는 체사레 보르자는 아버지 알렉산데르 6세 덕분에 군주의 지위를 얻었지만 아버지는 얼마 지나지 않아 죽고 말았다. 하지만 발렌티노 공작은 그 지위를 유지하기 위해 사전에 매우 치밀하게 준비하고 노력해왔다. 비록 최후까지 생존하며 성공한 군주가 되지는 못했지만, 그건 그의 잘못이 아니라 다른 요소에 의한 것이므로 발렌티노 공작은 군주가 취해야 할 행동의 측면에서 보자면 최고의 선례가 될 수 있다.

발렌티노 공작이 남긴 모든 행적을 살펴보면, 그가 미래의 권력을 유지하기 위해 얼마나 강력한 기초를 쌓았는지 알 수 있다. 새로 군주가 된 자로서 그의 행적들보다 더 모범적인 선례도 찾기 어려우므로, 그것을 여기서 살펴보는 것이 무의미한 일은 아니라고 생각한다. 비록 그의 노력이 궁극적으로 그에게 이롭지 못했다 할지라도, 그것은 그의 실수 때문이 아니라 전적으로 예외적이며 극단적인 불운에 의한 것이라 할 수 있다. ”

짧고 메시지

발렌티노 공작의 행보를 보면 성공한 군주가 되기 위해 어떤 준비가 필요한지 알 수 있다. 일종의 인간 모범답안인 셈이다.

032

기존 질서의 파괴

알렉산데르 6세는 자신의 아들 발렌티노 공작을 교황령에 속한 지역이 아닌, 다른 지역의 군주로 앉힐 방안을 마련하지 못했다. 그렇다고 교황령에 속한 지역에 아들을 군주로 앉히기에는 밀라노 공작과 베네치아인들이 지배력이 워낙 막강했다. 그가 동원할 수 있는 이탈리아의 군대 또한 교황의 권력이 강해지는 것을 두려워하는 오르시니와 콜론나의 추종자들이 장악하고 있었기 때문에 그 조차도 기대할 수 없었다. 때문에 그가 영토의 일부라도 차지하기 위해서는 기존 이탈리아의 질서를 깨뜨릴 필요가 있었다. 베네치아인들이 나름의 꿍꿍이를 가지고 프랑스군을 끌어들일 계획이 있다는 걸 안 교황 알렉산데르 6세는 베네치아인들의 결정에 반대하지 않았고, 오히려 프랑스의 수장 루이 12세의 첫 번째 결혼을 취소시켜 주면서 그 실행에 힘을 실어주었다. 루이 12세는 이탈리아에 침입해 밀라노를 점령했고, 교황은 그 병력을 인계받아 로마냐에 대한 공격을 시작했다.

영토 중 일부라도 확실하게 차지하기 위해서는 기존 질서를 깨뜨리고 이탈리아의 여러 나라를 혼란 속에 몰아넣을 필요가 있었다. 그 일은 베네치아인들이 다른 이유로 프랑스군을 다시 한 번 이탈리아로 끌어들일 계획이 있다는 사실을 알게 되었기 때문에 별로 어렵지 않게 실행에 옮겼다. 교황은 베네치아인들의 결정에 반대하지 않은 것은 물론, 루이 12세의 첫 번째 결혼을 취소시켜 줌으로써 그것을 더욱 쉽게 했다. "

짧고 메시지

기존 체계에서 답을 찾을 수 없다면, 그 질서를 무너뜨리고 새로운 체계를 만드는 것도 방법이다.

033

권모술수

로마냐 지방을 차지하고 콜론나를 제압한 발렌티노 공작은 영토를 확장하고 싶었다. 하지만 두 가지 문제가 있었다. 하나는 자기 군대의 충성심을 믿지 못하는 것이었고, 다른 하나는 프랑스 왕의 속셈을 알 수 없다는 것이었다. 그래서 발렌티노 공작은 오르시니, 콜론나 두 가문의 추종 세력을 약화시키는 전략을 짰다. 그들을 따르던 많은 귀족들을 금품으로 매수하고 관직을 주며 자신의 편으로 만들었다. 이에 위기감을 느낀 오르시니파의 지도자들이 반란을 꽤했으나 프랑스의 도움으로 가까스로 저지하게 된다.

발렌티노 공작은 위기를 넘겼지만 더 이상 프랑스 왕은 물론 모든 외부 세력을 믿지 않게 되었고, 결국에 선제 공력을 위한 책략을 마련한다. 오르시니파의 지도자들에게 화해를 청하는 척하며, 환심을 산 후 그 지도자들을 모두 죽이고 추종자들을 자기편으로 만든 것이다. 이를 통해 우르비노 공국과 함께 로마냐 전체를 장악하게 되었다.

공작은 더 이상 프랑스 왕은 물론 모든 외부 세력을 믿지 않았으며, 그들에 의존하지 않기 위해 책략을 쓰기 시작했다. 그는 자신의 의도를 교묘하게 숨긴 채 파울로 영주를 통해 오르시니의 지도자들에게 화해를 청했다. 공작은 파울로를 안심시키기 위해 매우 정중하게 대접했으며, 돈, 화려한 의복, 말을 주는 등 온갖 친절을 다 베풀었다. 그 결과, 단순한 오르시니파의 지도자들은 세니갈리아에 와서 공작의 수중에 다 떨어졌다. 이렇게 하여 공작은 그 지도자들을 죽이고 그들의 추종자들을 자기편으로 만들어 매우 확고한 권력 기반을 마련했다. ”

짧고 메시지

정치판은 언제나 권모술수의 대향연장이다. 서로 두 손을 맞잡고 웃다가도, 뒤돌아서면 등에 비수를 꽂기 일쑤다.

034

도구의 활용법

로마냐를 정복한 발렌티노 공작은, 그 지역 제후들이 약탈을 일삼으며 그곳을 다스렸다는 사실을 알게 되었다. 좋은 기회를 놓칠 리 없는 공작은 효과적인 통치와 지역 평정을 위해 레미로 데 오르코라는 인물을 파견해 전권을 쥐고 관리하게 하였다. 레미로는 그 지역의 질서를 회복하고 민심을 얻었지만, 그것이 또 문제가 되었다. 레미로가 그 지역에서 지나친 권력을 갖게 된 것을 우려한 공작은 그 지역에 시민재판소를 설치하고 법률가를 파견해 지역주민을 탄압하기 시작했다. 당연히 지역주민들은 반감을 갖기 시작했는데, 공작은 시민재판소 설치와 지역주민 탄압을 레미로의 독자적 행동으로 몰았고, 그 책임을 물어 광장에 두 토막이 난 레미로의 시체와 그 목을 자르는 데 사용한 나무토막, 칼을 함께 보란 듯이 전시하였다.

"발렌티노 공작은 레미로의 지나친 권한 행사는 백성들의 반감을 살 염려가 있으므로 더 이상 필요하지 않다고 생각했다. 그래서 그는 지역의 중심부에 시민재판소를 설치하고 권위 있는 재판장으로 하여금 관장하게 하고, 각 도시별로 그곳에 법률가를 파견하게 했다. 그 동안의 가혹한 조치로 인해 백성들 사이에 반감이 생겼다고 판단했으므로, 그런 반감을 무마시키고 자신을 전적으로 신뢰하게 만들기 위해, 지금까지의 가혹한 조치는 모두 자신이 시킨 것이 아니라 대리인의 거친 성품에서 비롯된 것이란 점을 보여주려 했던 것이다."

짤고 메시지

군주가 명심해야 할 중요한 덕목 중 하나. 사람은 자신의 통치를 돕는데 필요한 도구일 뿐이다. 그게 적이 아니라 자신의 사람일지라도…. 당연히 도구는 효용을 다하면 가차 없이 버려지는 것이 이치이다.

035

발렌티노의 투트랙(two-track) 전략

로마냐를 정복한 발렌티노 공작은 그를 위협하던 세력을 제거하고 강력한 힘을 갖게 되었다. 하지만 더 많은 영토 확보를 꿈꿨던 공작은 프랑스 왕인 루이 12세의 존재가 거슬리기 시작했다. 그래서 공작은 새로운 동맹국을 찾으면서, 스페인 군과 싸우기 위해 나폴리 왕국으로 진격하고 있던 프랑스에게 협력하지 않는 투트랙 전략을 전개했다.

그는 더 많은 영토를 병합할 생각이었으므로 프랑스 왕에 대해 매우 조심스러운 태도를 보였다. 뒤늦게 공작의 세력 증대가 자신의 실책 때문임을 알아차린 루이 12세가 그 계획을 용납하지 않으려 할 것이라는 점을 간파했던 것이다.

짤고 메시지

발렌티노 공작의 위대함은 작은 성공에 안주하지 않는다는 것이다. 1차적인 성공 이후 그가 취한 첫 번째 행동은 비즈니스 파트너인 프랑스 왕을 견제한 것이었다.

036

주마가편(走馬加鞭)

발렌티노 공작의 또 다른 걱정은 새로운 교황이 아버지가 준 유산을 빼앗으려 하지 않을까 하는 우려였다. 그는 자신의 우려를 종식시키기 위해 네 가지 방책을 선제적으로 실시했다.

첫째, 그가 빼앗은 영토를 지배하던 이전 통치자들의 혈통을 근절시켜 새 교황과의 연대를 차단시키는 것.

둘째, 모든 로마 귀족들을 자기편으로 만들어 교황과 맞설 세력을 규합하는 것.

셋째, 교황의 측근들을 자기 세력으로 만드는 것.

넷째, 현재의 교황인 아버지가 죽기 전에 자신의 권력을 확고히 해 외부의 도움 없이도 생존할 수 있는 역량을 갖추는 것.

발렌티노 공작은 아버지인 알렉산데르 6세가 사망했을 때 네 가지 중 세 가지를 이미 달성했고, 네 번째는 현재 진행형이었다.

새로운 로마 교황이 우호적이 아닐 경우, 알렉산데르 6세가 자신에게 준 것을 빼앗으려 하지 않을까 하는 걱정이었다. 그는 네 가지 방책을 취함으로써 그런 가능성으로부터 자신을 보호하고자 했다. 첫째, 일찍이 그가 빼앗은 영토의 이전 통치자들의 혈통을 근절시킴으로써 새 교황이 그들에게 권력을 되돌려주지 못하게 했다. 둘째, 앞서 언급한 바와 같이 모든 로마 귀족들을 자기편으로 끌어들여 새 교황을 견제하는 것이다. 셋째, 가능한 한 추기경 회의단을 자신의 세력으로 만드는 것이다. 넷째 아버지인 교황이 죽기 전에 그 권력을 확고히 하여 외부의 도움 없이도 적의 공격을 물리칠 수 있도록 대비하는 것이다. ″

짤고 메시지

군주의 성공을 위한 꿀 tip. 미래 비전을 수립하라.

037/

비운의 군주 발렌티노

아쉽게도 발렌티노 공작이 무력행사를 시작한 후 5년 만에 아버지는 죽고 말았다. 당시 남겨준 영토는 로마냐뿐이었고, 프랑스와 스페인 사이에 끼여 불안정한 상황이었으며, 게다가 본인의 건강도 매우 좋지 않았다.

하지만 그가 행한 선제적 조치 탓에, 병으로 죽어가는 동안에도 백성들은 그를 오랫동안 기다렸고, 어떤 공격이나 반역도 없었다. 그는 자신이 원하는 사람을 교황의 자리에 앉히지는 못했지만 적어도 자신이 원치 않는 사람이 선출되는 일은 막을 수 있었다.

교황 알렉산데르 6세가 죽었을 때, 그는 건강하기만 했어도 영원히 역사에 기록될 군주로 남았을 것이다.

나는 아버지의 죽음으로 인해 일어날 수 있는 일들을 이미 생각해 두었고 그 대처 방안도 마련했다. 그러나 아버지가 죽음을 맞이할 때 나 자신도 죽음의 문턱에 가 있게 되리라고는 상상도 못했다. ”

짤고 메시지

역대급 군주는 신의 은총 없이 탄생할 수 없다. 비운의 군주 발렌티노 공작에게 경의를….

038

거의 완벽했던 남자, 발렌티노

발렌티노 공작의 행적을 들여다보면 충분히 행운이나 타인의 호의로 권좌에 오른 사람의 모범이 될 만하다. 그의 행적은 아버지가 일찍 죽고 자기 자신이 갑자기 병에 걸리지만 않았어도 거의 완벽했다.

그의 행보를 정리하면 다음과 같다.

적으로부터 효과적으로 자신을 지켰고, 동맹을 맺었으며, 무력과 효과적인 전략으로 타지를 정복했다. 백성들이 자신을 좋아하면서도 두려워하게 했고, 군대를 효과적으로 이끌며 자신에게 해를 가할 가능성이 있는 자들을 제거했다. 주변의 왕, 제후들과 동맹 관계를 맺다가도 해를 가지지 못하게 조치했다.

공작의 행적만큼 생생한 본보기는 없을 것이다. 즉, 적으로부터 효과적으로 자신을 지키는 것, 동맹을 맺는 것, 무력이나 계략으로 정복하는 것, 백성들로 하여금 사랑과 함께 두려움을 느끼게 하는 것, 군대로부터 존경받고 그들을 복종하게 하는 것, 군주에게 해를 가하거나 또 해를 가할 가능성이 있는 자들을 제거하는 것, 낡은 제도를 새로운 제도로 개혁하는 것, 엄격하면서도 정중하고 너그러우면서도 대범한 처세를 하는 것, 불충한 군대를 해산하고 새로운 군대를 조직하는 것, 주변의 왕 및 제후들과 동맹 관계를 맺어 그들이 기꺼이 도움을 줄 수 있도록 하고 해를 가하지 못하게 만드는 것 등이다. ”

짧고 메시지

발렌티노가 성공한 군주의 전형으로 손색이 없는 이유. 혹은, 군주로 성공하기 위한 이들을 위한 지침 A to Z.

039

자비의 참혹한 대가

다만 그가 비난 받아 마땅한 행동을 한 것은 율리우스 2세를 교황으로 선출한 것이다. 자신이 피해를 입혔거나, 교황이 되었을 때 자신을 두려워 할 이유가 있는 인물이 선출되는 것을 막았어야 했다. 루앙의 추기경과 스페인 출신의 추기경을 제외하고 대부분의 인물이 공작한테 피해를 입었거나 교황이 되면 그를 두려워 할 이유를 가지고 있었기 때문에, 그는 스페인 출신이나 루앙의 추기경이 선출되는 데 동의했어야 한다. 결국 공작은 교황 선거에서 결정적인 실수를 저질러 파멸을 자초하고 말았다.

새로운 은혜를 베푸는 일로 옛 원한을 잊게 만들 수 있다고 믿는 것은 자기 기만에 빠지는 일이다. 그러므로 공작은 이 선거에서 결정적인 실수를 저질렀으며, 그로 인해 파멸을 자초하고 말았다. ”

짧고 메시지

복수는 더 큰 복수를 부른다. 자비와 관용, 배려 따위가 복수를 막을 수 있다는 낭만적인 생각은 결국 파멸을 자초한다.

제 8 장

사악한 방법으로
군주가 된
사람들

040

군주의 두 가지 유형

일개 시민에서 군주가 되는 방법은 두 가지가 있다. 하나는 수단과 방법을 가리지 않고 군주가 되는 것이고, 다른 하나는 주변 사람들이나 시민들의 지지를 바탕으로 군주가 되는 것이다.
이 장에서는 수단과 방법을 가리지 않고 군주가 된 경우를 두 가지 예를 통해 설명하고자 한다. 그 중 하나는 고대의 것이고 다른 하나는 현대의 것이다.

일개 시민에서 군주가 되는 데는 두 가지 방법이 더 있는데, 그것들은 전적으로 능력이나 운에 의한 것이라 볼 수 없으므로 논의를 생략하고 싶지 않다. 그 중 한 가지는 공화국을 논할 때 보다 상세히 검토하기로 하겠지만 이 두 가지 방법이란, 일개 시민이 부정하고 사악한 수단을 동원하여 군주의 자리에 오르는 것과 동료 시민들의 호의에 의해 통치자가 되는 경우이다.

짧고 메시지

통속적인 드라마에 등장하는 성공한 인물의 전형과 매우 유사하다. 조강지처를 버리고 회장의 딸과 정략결혼을 한 뒤, 배신에 배신을 거듭해 회장 자리에 오르는 인물이 전자이고, 소신을 가지고 자신의 일을 했는데 주변 사람들과 대중들이 인정해주어 대박을 친 인물이 후자이다. 500년이 지났어도 세상은 별반 달라지지 않았나보다.

041

성공의 조건 1

시칠리아의 아가토클레스는 미천한 평민 출신이지만 시라쿠사의 왕이 되었다. 그는 도자기 굽는 아버지 밑에서 태어나 방탕한 생활을 일삼다 군대에 가게 되는데, 군대가 체질이었던지 시라쿠사의 사령관이 된다. 사령관으로 권력의 단맛을 본 그는 군주가 되기로 결심하고 시칠리아에서 전투 중이던 카르타고 군의 하밀카르와 거사를 단행한다. 국정운영에 관해 중요한 회의가 있는 것처럼 가장해 시민과 원로들을 소집하여 몰살시킨 것이다. 그 후 어렵지 않게 통치권을 행사하게 되었다. 나중에 카르타고 군에게 두 번씩이나 패하고, 심각한 위기에 몰렸지만 결국 용기와 지혜를 발휘해 도시를 구해냈다.

아가토클레스의 행적을 들여다보면, 운이 아니라 스스로의 힘으로 군주가 되었으며, 대담한 행동을 통해 그 자리를 유지했다는 것을 알 수 있다. 하지만 수단과 방법을 가리지 않는 탓에 아무도 그를 위인이라 부르지 않는다.

> 아카토클레스가 난관과 위험을 헤치며 보여준 용기와, 고난을 견디고 극복하면서 발휘한 굳건한 정신력은 어떤 위대한 장군과 비교해도 결코 뒤지지 않는다. 그럼에도 불구하고 잔인하고 비인간적인 면모, 헤아릴 수 없이 저지른 사악한 행위 등은 그를 위인의 대열에 넣는 것을 허용하지 않는다. "

짧고 메시지

성공한 군주와 위인의 등식관계 부정. 성공한 군주가 되기 위해서는 어떠한 과정도 용서가 된다는 논리를 피력하던 마키아벨리가 갑자기 윤리와 도덕이 범주 안으로 들어왔다.

042

성공의 조건 2

아버지를 일찍 여의고 외숙부인 조반니의 손에서 자란 올리베르토는 현재 사악한 방법으로 군주가 된 예이다. 군대에 간 올리베로토, 역시 군대가 체질이었던지 짧은 기간 안에 그 부대의 지휘관이 된다. 하지만 만족하지 않고 페르모 시를 점령하기로 결심하고 외숙부 조반니에게 편지를 보낸다.
'고향에 가고 싶고 외숙부도 보고 싶다. 난 군대에서 지휘관이 될 정도로 성공했으니 병사를 이끌고 금의환향하겠다. 성대한 환영식을 열어주면 외숙부도 자랑스러울 것이다.' 조반니는 올리베로토를 열렬히 환영했고, 자신의 집에 묵게 했다. 올리베로토는 공식 연회를 제안하고 외숙부와 지역의 저명인사들을 모두 초대했다. 그리고는 병사들과 함께 그들을 몰살시켰다. 이후 관리들의 자택을 포위하며 도심을 장악해 나갔고, 사람들은 공포에 질려 그를 군주로 받아들일 수밖에 없었다. 자신에게 해가 될 세력을 모두 제거한 후, 1년 만에 모든 이웃 나라들이 두려워하는 존재가 되었다.

만찬과 연회에 어울리는 여흥도 끝나자,
올리베로토는 짐짓 심각한 문제로 화재를 돌리며
교황 알렉산데르 6세와 그 아들 체사레의 위대함과
그들의 업적에 대해 이야기했다. 조반니와 몇몇
사람들이 그에 대해 반응을 보이자 그는 이런
문제는 좀 더 은밀한 곳에서 토론해야 한다고
말하면서 다른 방으로 옮기자고 했다. 그리고 그가
별실로 들어가자, 외숙부 조반니와 다른 사람들도
그를 따라갔다. 그들이 별실에 들어가 자리에
앉자마자 숨어 있던 병사들이 뛰어나와 조반니를
비롯한 사람들을 모조리 죽여 버렸다. "

짧고 메시지

은혜를 원수로 갚으며 군주로 등극한 희대의 악인. 부모 대신 자신을
키워준 외숙부를 대학살의 디딤돌로 삼는 혜안은 과히 악마와 견줄 만하다.

043

제대로 탄압하는 방법

아카토클레스 같은 사람들은 잔인한 행동을 무수히 많이 저질렀지만 오랫동안 안정적인 통치가 가능했다. 하지만 어떤 사람들은 잔인한 행동 때문에 전시에는 물론 평시에도 그 자리를 유지하는 데 실패했다.

왜일까? 그 이유는 잔인한 행동을 제대로 사용했는지의 여부에 따라 결정된다. 잔인한 행동이 제대로 사용됐다는 것은, 단번에 그것도 아주 극악무도하게 전격적으로 실행되어 자신의 권력 유지에 결정적으로 작용하게 하고, 그 이후에는 시민들에게 이익이 되는 쪽으로 선회하는 것이다. 반대로 잔인한 행동이 잘못 사용된 경우는, 처음에는 빈도가 낮았지만 시간이 지나도 줄어들지 않고 오히려 늘어나는 경우를 말한다.

다시 말해, 처음 가해 행위가 아주 극악무도하게 전격적으로 자행되어야 이후 사람들의 반감이 차츰 적어지는 반면, 선한 행위는 아주 조금씩 천천히 베풀어야 사람들이 고마움을 느낄 수 있는 것이다.

한 국가를 손에 넣은 정복자는 실행할 필요가 있는 모든 가해 행위를 날마다 되풀이하지 말고 단번에 마쳐야 한다는 점을 명심해야 한다. 소심하거나 아니면 잘못된 판단력 때문에 이런 방법을 따르지 않는 사람은 늘 손에 칼을 들고 있어야 한다. ”

가해 행위는 단번에 전격적으로 저질러야 한다. 그래야 사람들의 반감도 그만큼 적어진다. 반면, 은혜는 아주 조금씩 천천히 베풀어야 그 맛을 충분히 느낄 수 있다. ”

짧고 메시지

행복과 불행은 절대적일 수 없다. 처한 상황에서 행복하거나 불행하다고 느낄 뿐. 최악을 경험한 사람은 그 상황을 벗어난 것만으로도 행복을 느낄 수 있지만, 최상을 경험한 사람은 그 상황이 끝난 것만으로도 불행할 수 있다.

제 9 장

시민형 군주국

044

군주를 지지하는 두 가지 유형

일개 시민에서 군주가 되는 첫 번째 경우가 사악한 방법이나 폭력에 의한 것이었다면, 이 장에서는 두 번째 경우인 주변 사람들이나 시민들의 지지에 의해 이루어진 경우를 다루겠다. 이런 유형을 시민형 군주국이라 한다. 모든 도시에는 일반 시민과 귀족이라는 서로 다른 계급이 공존한다. 시민형 군주국을 지배하기 위해서는 두 계급 중 어느 한쪽의 지지를 받아야 한다. 그런데 일반 시민들은 귀족들의 지배를 원치 않고 귀족들은 시민을 지배하려는 성향을 가지고 있다. 그 성향 탓에 시민형 군주국은 필연적으로 군주정, 공화정, 무정부 상태 중 하나의 형태를 띠게 된다.

이런 유형의 군주국에서 지배자가 되는 데는 백성들의 호의에 의한 방법과 귀족들의 지지에 의한 방법이 있다. 모든 도시에는 이런 두 가지 서로 다른 계급이 있기 때문이다. 그로 인해 백성들은 귀족들에 의한 지배와 억압을 원하지 않고, 귀족들은 백성들을 억압하고 지배하려고 하는 상황이 일어난다. 그 상반되는 두 가지 성향으로 인해 군주정, 공화정, 그리고 무정부 상태의 세 가지 중 어느 한 가지가 반드시 생겨난다.

짧고 메시지

계층과 계급을 떠나서 모든 이들에게 지지를 받는 지도자는 정말 이상 속에만 존재하는 것일까? 안타깝고 서글프다.

045

군주와 지지 세력의 함수관계

군주정은 시민이나 귀족 중 어느 한쪽의 지지를 통해 성립된다. 귀족들은 시민을 지배하기 어려워지면 그들 중 한 명을 추대해 군주로 만들어 자신들의 욕망을 충족시킨다. 반대로 시민들도 귀족들에게 대항하기 힘들어지면 자신들 중 한 명을 추대해 통지자로 만들어 보호를 받는다.
귀족들의 지지로 군주가 된 사람은 시민들의 지지로 군주가 된 사람보다 통치하기가 훨씬 어렵다. 군주와 대등하다고 여기는 사람들의 영향력에 갇혀 있어 소신껏 통치할 수 없기 때문이다.

군주정은 백성들이나 귀족들 중 어느 한쪽이 다른 쪽을 누르고 기회를 잡게 됨에 따라 성립된다. 귀족들은 백성들의 힘을 감당하기 어려워지면, 자신들 가운데 한 사람을 지원하고 추대하여 그를 군주로 삼은 다음 그의 보호 아래에서 자신들의 욕망을 충족시키려 한다. 그와 마찬가지로 백성들 역시 귀족들에게 대항할 수 없다는 것을 알게 되면, 자신들 가운데 한 명을 지원하고 추대하여 그를 통치자로 만든 다음 그의 권위에 의해 보호를 받는다.

짤고 메시지

정치의 본질이 원칙과 소신보다 지지 세력과의 복잡 미묘한 함수관계라는 건 예나 시금이나 번함없이 통용되는 원칙이다.

046

동전의 양면

군주가 시민들과 적대적인 관계일 때 일어날 수 있는 최악의 상황은 버림을 받는 것뿐이지만, 귀족들과 적대적인 관계가 되면 단순히 버림받는 것이 아니라, 그들이 힘을 모아 대항할 수 있다는 사실도 명심해야 한다. 이들은 교활하고 영특해서 항상 이기는 편에 서서 자신을 보호하려는 특성을 가지고 있다. 물론 반대의 측면도 있다. 군주는 언제나 같은 시민과 살아야 하지만, 반드시 같은 귀족과 함께 살 필요는 없다. 군주는 자신의 필요에 따라 귀족을 만들거나 없앨 수도, 그들에게 특권을 주거나 빼앗을 수도 있다.

백성들이 적대적일 때 군주에게 일어날 수 있는 최악의 사태는 그들로부터 버림을 받는 것이다. 그러나 귀족들이 적대적일 때는 단순히 버림받는 데 그치지 않고 그들이 힘을 합해 대항할 수 있다는 사실을 명심해야 한다. 귀족들은 교활하며 멀리 내다볼 수 있기 때문에 항상 승리할 것으로 생각되는 편에 붙어 자신들을 보호하려 하기 때문이다.

짧고 메시지

그래서 정치인들은 언제나 국민만을 위한다고 설파하며 지지를 얻어낸다. 하지만, 그 지지를 통해서 얻는 이익은 늘 국민이 아닌 특정 계층이 차지한다. 뼈를 때리는 교훈이다.

047

안티 세력을 선별하는 방법

귀족들은 두 가지 특성을 가지고 있다. 군주의 운명과 함께하거나, 그와 정반대로 행동하는 것이다. 전자의 경우 욕심을 부리지 않는다는 전제로 그에 맞는 대우를 해주는 선에서 정리할 수 있지만, 후자의 경우는 좀 복잡하다. 만약 소심해서 그런 행동을 하는 사람들이 있다면 그다지 신경 쓰지 않아도 되지만, 야심을 품고 그런 행동을 하는 사람이라면 적을 대하듯 경계해야 한다. 그들은 군주가 어려움에 처하면 언제든 등을 돌리고 그를 파멸시키는 데 일조할 것이기 때문이다.

고의로, 또는 야심을 품고 군주에게 충성을 표하지 않는 것이라면, 그것은 그들이 군주보다 자신들의 이익을 더 중요하게 생각한다는 증표다. 따라서 이런 사람들에 대해 주의하고, 마치 공인된 적처럼 두렵게 여겨야 한다. 그들은 군주가 역경에 처하면 언제라도 등을 돌리고 그를 파멸시키기 위해 애쓸 것이기 때문이다. ”

짧고 메시지

같은 편이지만, 사사건건 안티를 거는 사람이 있다면 한번쯤 그 속을 찬찬히 들여다보라는 마키아벨리의 충언. 깊이 새겨볼 만하다.

048

환심을 사는 방법 1

시민의 지지로 군주가 된 사람은 그들과 우호적인 관계만 유지하면 된다. 그러나 시민들의 반대에도 불구하고 귀족들이 지지해서 군주가 된 사람은 시민들의 지지를 끌어내야 한다. 방법은 생각보다 쉽다. 그냥 잘 보호하면 되는데, 자신들이 지지하지도 않았고 기대치도 워낙 적었기 때문에 작은 환대에도 큰 고마움을 느끼는 것이다. 심지어는 자신들이 지지해 군주가 된 사람보다 더 많은 호감을 가지기도 한다.

결론적으로 어떤 방식으로 군주가 됐든 시민들과 좋은 관계를 유지해야 한다는 결론.

귀족들의 지지에 의해 백성들의 반대에도 불구하고 군주가 된 사람은, 무엇보다 먼저 백성들의 환심을 사도록 노력해야 한다. 이는 군주가 백성들을 그의 보호 하에 두기만 하면 쉬운 일이다. 사람이란 해를 끼칠 것으로 예상했던 사람으로부터 우대를 받으면 그에게 더 큰 고마움을 느끼게 마련이다. ”

짧고 메시지

만고불변의 진리. 그것이 어떤 형태의 조직이건, 어떤 형태로 조직화 됐건 간에, 성원과 좋은 관계를 유지하지 못하고 성공할 수 있는 방법은 없다. 처음 기대치가 낮을수록 성원과 좋은 관계를 가질 가능성은 높아진다.

049

환심을 사는 방법 2

스파르타의 군주였던 나비스는 연전연승으로 의기양양했던 로마군의 공격을 막고 자신의 권력과 국가를 지켜냈다. 승리의 원동력은 적대적이었던 신하 몇몇을 제거하는 것이었는데, 만약 대다수 백성들이 그에게 적대적이었다면 이런 조치로 승리를 하기는 힘들었을 것이다.
결국 백성의 지지 기반이 탄탄한 군주는 결코 쉽게 무너지지 않으며, 그들과 함께 잘 통치해 나간다면 백성들은 그를 저버리지 않을 것이고, 그의 권력은 튼튼한 터전 위에 서 있는 것처럼 안정적으로 유지될 수 있다는 결론.

백성들을 지지 기반으로 하여 권력을 잡은 군주가 그들을 잘 다스리고, 역경에 처해서도 당황하지 않고, 용기와 기백으로 백성들의 사기를 북돋울 수 있다면, 그는 결코 백성들로부터 기만당하지 않을 것이며, 자신의 권력이 튼튼한 터전 위에 서 있음을 알게 될 것이다. ”

짤고 메시지

군주국의 의미를 풀어보면 군주의 나라 정도가 된다. 시민형 군주국을 풀어보면 시민이 중심이 되는 군주의 나라 정도가 될까?

050

유비무환의 자세

시민형 군주는 자신이 직접 통치하거나 시민들이 임명한 관료를 통해서 지배한다. 후자의 경우 군주의 지위는 위태롭다. 특히 위기 상황이 오면 관료들이 반란을 일으켜 그를 자리에서 몰아낼 수도 있다. 위급한 상황에서 시민들은 군주의 통제권 밖에 놓이게 된다. 때문에 평화로울 때 시민들이 국가와 군주의 필요성을 느낄 수 있는 방안을 마련해야 한다. 그것이 가능하다면 시민들은 항상 군주에게 충성을 바칠 것이다.

위급한 상황이 닥치면 군주는 절대적 권력을 행사할 만한 충분한 시간이 없다. 평소 관료들의 명령을 듣는 데 익숙해진 시민들과 영지의 주민들이 위기를 당해 군주에게 복종하려 하지 않을 것이기 때문이다. 따라서 그런 위기에 군주가 의지할 수 있는 사람은 언제나 극소수이다. 〃

❗ 짤고 메시지

미리미리 자신의 존재감을 어필하자. 위기가 찾아왔다고 느꼈을 때는 이미 늦은 것이다.

제 10 장

군주국의 국력 평가에 대하여

051

공격받지 않는 군주

외세의 침략에 맞서 싸울 수 있을 만큼 탄탄한 군사력과 자본력을 갖추고 있는 군주라면 별 상관이 없겠지만, 그렇지 못할 경우라면 보다 효율적인 대비가 필요하다.
이럴 경우 취할 수 있는 최선의 방법은 자금을 비축한 상태에서 성 밖의 지역을 포기하고 주요 도시를 요새화 하는 것이다. 핵심이 되는 도시를 잘 방어하면서 시민들의 지지를 잃지 않고 잘 관리하는 군주는 쉽게 공격당하지 않는다. 이런 군주국을 완전히 정복하기는 매우 힘들기 때문에 어떤 군주도 쉽게 침략을 결정할 수 없게 된다.

외부세력은 그의 도시를 제대로 요새화하고, 그 신민들을 잘 다스리는 군주는 쉽게 공격하지 않는다. 왜냐하면 사람들은 위험이 예상되는 공격에 대해서는 망설이게 되며, 그 도시가 제대로 요새화되어 있고, 또 백성들로부터 미움을 받지 않는 군주를 공격하는 일은 결코 쉬운 일이 아니라는 것을 알기 때문이다. ”

짧고 메시지

힘대 힘으로 적과 맞설 수 없는 상황일 때 취할 수 있는 전략적 판단. 적에게 내 숨통을 완전히 끊어 놓을 심산이 아니라면 함부로 덤비지 말라는 결연한 의지를 전달하는 것이다.

052

철옹성 독일

독일은 여러 모로 침략하기 어려운 나라이다. 도시들은 완전히 독립적인데다가 요새화 되어 있고, 군주에 대한 시민들의 신망도 두텁다. 때문에 주변의 어떤 군주도 두려워하지 않는다. 국가가 운영하는 공적인 창고에는 1년은 충분히 버틸 수 있을 정도의 식량과 식수, 연료가 항상 비축되어 있지만, 시민들은 그런 공적 지원 없이도 1년 동안 일하는 데 필요한 원자재를 넉넉히 보유하고 있다. 그만큼 도시와 산업은 탄탄히 유지되고 있고, 시민들의 삶도 별반 어려움이 없다. 게다가 군대도 매우 탄탄한 시스템에 의해 잘 관리되고 있다.

독일의 도시들은 완전히 독립적이고, 주변 지역에는 영지가 거의 없으며, 자신들의 필요에 따라 황제에게 복종한다. 그러나 그들은 황제나 이웃의 다른 어떤 유력한 군주도 두려워하지 않는다. 그 이유는 도시가 제대로 요새화되어 있어 누구나 그곳을 점령하는 것은 매우 지루하고 힘든 일이라고 생각하기 때문이다. "

짤고 메시지

예나 지금이나 독일이라는 나라는 견고하고 탄탄하다. 그저 부러울 따름이다.

053

전시에 군주가 생존할 수 있는 진짜 이유

견고한 도시를 가지고 있고 시민들의 지지를 받는 군주는 공격당하지 않는다. 설사 공격당해도 쉽게 함락되지 않는다. 처음 공격을 받으면 시민들은 성 밖에 있는 자신들의 집이 불타는 것을 보고 당황할 수도 있겠지만, 반대로 그만큼 성을 지키겠다는 결의도 확고해진다. 시간이 지나면 피해는 이미 발생한 것이고 희생도 어느 정도 치른 후라 시민들 입장에서는 성을 지키는 것 외에 별다른 방법이 없다는 것을 깨닫게 된다. 게다가 군주와 성을 지키기 위해 자신들의 집이 불타고 약탈당했다는 생각에 이르게 되면 군주와의 유대감 또한 강해지게 된다. 누군가와 도움을 주고받았을 때 유대감이 강해지는 것은 인간의 본성이기 때문이다. 따라서 현명한 군주는 아무리 강력한 공격을 받아도 견뎌낼 수 있는 식량과 방어 수단만 갖추고 있다면 시민들과 충분히 좋은 관계를 유지하며 적을 막아낼 수 있다.

피해는 이미 발생했고 희생을 겪은 후라서 그 문제를 해결할 어떤 방법도 없다는 것을 알기 때문에, 군주는 그들을 두려워 할 이유가 적어지게 된다. 시민들은 군주를 지키기 위해 자신들의 집이 불타고 재산을 약탈당했으니 군주는 자신들에게 빚지고 있는 것이라 생각하여, 그를 중심으로 더욱더 뭉치게 된다. 받은 은혜는 물론 베푼 은혜에 의해서도 유대가 강화되는 것이 인간의 본성이기 때문이다. "

짧고 메시지

전시에 마키아벨리의 메시지는 더욱 확고하다. 시민들의 삶이 박살이 나건 말건, 군주는 어떤 상황에서도 시민들의 지지를 바탕으로 생존만 하면 된다는 냉혹한 논리. 섬뜩하다.

제 11 장

교회형 군주국

054

신의 섭리로 작동하는 교회형 군주국

교회형 군주국은 능력이 있거나 운이 좋으면 얻을 수 있지만, 이를 통치하는 데는 이조차도 필요하지 않다. 이런 국가는 종교적 제도에 의해 유지되는데, 군주 개인의 역량이 국가를 유지하는데 영향을 미치지 않을 정도로 강력하다.

군주는 영토를 방어할 필요도 없고 백성들을 통치할 필요도 없다. 백성들은 군주를 몰아낼 생각도 하지 않고 그럴 힘도 없다. 이런 국가들은 한마디로 인간의 영역이 닿지 않는 신의 섭리에 의해 통제되기 때문에 군주 입장에서는 가장 안전하고 이상적이라 할 수 있다.

지금 교회의 현실적인 권력은 매우 막강하다. 프랑스 왕을 벌벌 떨게 하며 이탈리아에서 몰아냈고, 베네치아인도 몰락시켰다. 하지만, 교황 알렉산데르 6세 이전의 이탈리아 권력자들은 하나같이 교회의 권력을 대수롭지 않게 생각했는데, 어떻게 교회가 현재의 권력을 가질 수 있게 되었는지 알아보자.

군주는 영토를 가지고 있지만 방위할 필요가 없고, 백성들이 있지만 통치할 필요가 없다. 영토는 방위하지 않아도 빼앗기는 일이 없으며, 백성들은 통치되지 않고 있다는 데 별로 신경을 쓰지 않는다. 그들은 군주를 몰아낼 생각도 하지 않으며 또 그렇게 할 힘도 없다. 따라서 이런 군주국들이야말로 가장 안전하고 바람직하다고 할 수 있다. ″

짤고 메시지

신이 정한 율법에 의해 모든 게 작동되는 국가. 그런 국가의 수장으로 산다는 것. 생각만 해도 가슴이 설레는 일이다.

055

이탈리아의 세력 분포

프랑스 왕 샤를이 침입하기 전까지 이탈리아는 교황, 베네치아, 나폴리, 밀라노, 피렌체 세력이 분할해 다스리고 있었다. 이들은 외세의 침략을 막는 동시에 어느 한 세력의 힘이 강해지는 것을 경계하고 있었는데, 교황과 베네치아 공화국이 특별 경계의 대상이었다. 다른 세력들은 동맹을 맺어 베네치아를 경계했고, 로마의 귀족을 활용해 교황을 경계했다. 로마의 귀족은 교황의 권력에 상당한 데미지를 입혔고, 실제로 권력도 매우 약해졌다. 교황의 재임 기간은 10년으로 비교적 짧아서 어떤 세력도 완전히 제거하기엔 역부족이었다. 그 결과 이탈리아에서 교황의 세력은 거의 무시될 수준에 이르게 되었다.

예를 들어 어느 교황이 콜론나파를 제거하는 데 거의 성공했다 해도, 그 다음에는 오르시니파에게 적대적인 교황이 즉위하여 콜론나파가 되살아나게 되고, 그 역시 오르시니파를 제거할 만한 여유를 갖지 못한다.
그 결과, 이탈리아에서는 교황의 세속적인 권력이 거의 무시되는 사태가 빚어졌다.

짤고 메시지

우리가 알고 있는 그 교황의 탄생 설화. 교황도 결국 인간인 관계로 시작은 미비했으나…

056

역대급 교황 알렉산데르 6세

하지만 알렉산데르 6세가 등장해 역대급 권력을 갖게 되었다. 그의 놀라운 성과는 7장에서 언급했기 때문에 생략하지만, 그가 그런 성공을 거두게 된 핵심적인 이유는 상기할 필요가 있다. 그의 모든 행보는 교회의 권력이 아니라 후계자인 아들 발렌티노 공작의 권력을 강화하는 것에 초점을 맞췄다는 점인데, 그 결과 그가 죽은 뒤에도 교회의 세속적인 권력이 강화되게 되었다.

그런데 알렉산데르 6세가 나타나, 역대 어느 교황보다 뛰어나게 재물과 군사력으로 얼마나 많은 것을 성취할 수 있는지 보여주었다. 그는 발렌티노 공작을 앞세우고 프랑스의 침략을 핑계 삼아, 앞에서 공작의 행적을 논할 때 살펴본 바대로 모든 것을 성취했다. 비록 그의 목적은 교회의 권력이 아니라 공작의 세력을 확장하는 것이었으나, 그가 죽고 공작도 몰락한 뒤 그 노력의 결과를 계승한 교회가 권력을 강화시키게 되었다. //

짤고 메시지

신의 뜻이 세속적인 힘을 강화시키는 것이 아닌 관계로, 교회형 군주국의 힘도 결국 세속적인 힘에 의해 완성될 수밖에 없다는 아이러니하지만 부정할 수 없는 결론.

057

역대급 교황 2, 율리우스 2세

발렌티노 공작 이후 바통을 이어 받은 사람은 교황 율리우스 2세였다. 그 무렵 교회는 로마냐의 모든 지역을 장악하고 귀족들을 무력화시키며 강력한 세력을 구축했다. 하지만 그는 안주하지 않고 더 나아가 볼로냐를 점령하고 베네치아를 멸망시키고 프랑스군을 이탈리아에서 추방시켰다. 게다가 교회의 권력을 강화하기 위한 것이라는 확실한 명분으로 무장해 대외적인 비난도 일체 받지 않았다. 결정적으로 그는 오르시니파와 콜론나파를 힘으로 압도하며 무기력하게 만들었는데, 이것이 현재 교황 레오 10세처럼 강력한 교황권을 가진 인물이 탄생할 수 있는 배경이 되었다.

또한 율리우스 2세는 알렉산데르 6세나 그 이전의 교황들에게는 없었던 축재 수단을 가지게 되었다. 그는 그런 이점을 이용했을 뿐 아니라 더욱 확대시켜 나갔다. 그는 볼로냐를 점령하고, 베네치아를 멸망시키고 프랑스군을 이탈리아에서 추방할 계획을 세웠다. ”

그의 모든 계획은 성공을 거두었으며, 그는 특정한 개인이 아니라 교회의 세력을 확장시키기 위해 이 모든 일을 성취했으므로 특히 칭찬받을 만하다. ”

짤고 메시지

교회의 힘을 완성시킨 율리우스 2세의 세속적인 능력. 더불어 세삼 깨닫게 되는 명문의 중요성.

제 12 장

다양한 군대의
종류와 용병

058

국가의 기초, 법률과 군대

지금까지 군주국가의 성격과 흥망성쇠의 원인에 대해 말했다면 지금부터는 군주들의 공격과 방어 수단에 관해 설명하겠다.
성공한 군주가 되기 위해서는 기초가 튼튼해야 하는데, 모든 국가의 기초는 법률과 군대를 통해 완성된다. 여기서는 법률은 논외로 하고 군대에 대해서만 이야기하겠다.

앞에서 나는 군주가 권력의 기초를 튼튼히 쌓아야 한다는 것을 역설했다. 권력의 기초가 튼튼하지 못한 군주는 필연적으로 몰락하고 말 것이다. 오래된 군주국이든 새로운 군주국이든 복합국가든 모든 국가의 중요한 기초는 훌륭한 법률과 군대다. 훌륭한 군대 없이 훌륭한 법률을 가지기란 불가능하고 훌륭한 군대가 있는 곳에는 항상 훌륭한 법률이 있게 마련이므로, 법률의 문제는 제쳐놓고 군대에 대해서만 이야기하겠다. ”

짧고 메시지

<군주론> part II의 시작.

059

용병에 대한 저주

군주가 운용할 수 있는 군대는 세 종류이다. 자신의 군대, 용병 혹은 외국의 지원부대, 그리고 이것들이 뒤섞인 혼성군. 그런데 용병은 쓸모없고 위험하다. 기강도 없고 군주에 대한 충성도, 신의도 없다. 심지어는 강한 적을 만나면 비겁해지기까지 한다. 보수 외에는 관심이 없기 때문에 목숨을 바쳐 싸우지도 않는다. 평화로울 때는 군주의 병사가 되지만 정작 전쟁이 벌어지면 도망쳐 버린다. 오늘날 이탈리아의 몰락도 사실상 오랜 기간 용병에 의존했기 때문이다. 프랑스의 샤를 왕이 간단히 이탈리아를 점령할 수 있었던 것도 모두 용병 덕이다.

용병에 의존하는 군주의 파멸은 적들의 공격이 지연되고 있는 만큼 지체되고 있는 데 불과하다. 따라서 평화로울 때에는 그들에게 시달리고, 전쟁이 나면 적들에게 시달리게 된다. 왜냐하면 용병들은 군주에 대한 애착이 전혀 없으며, 그 보잘것없는 보수 외에는 군주를 위해 목숨을 바쳐가며 싸울 이유가 없기 때문이다. 그들은 평화로울 때에는 기꺼이 군주의 병사로 봉사하지만, 정작 전쟁이 벌어지면 도망쳐 버린다. 오늘날 이탈리아의 몰락은 다른 무엇보다 오랜 세월 용병에 의존한 데서 비롯되었기 때문에, 이 사실을 입증하기 위해 애쓸 필요는 없다. ”

짤고 메시지

용병에 대해 입에 침이 마를 정도로 비난하는 마키아벨리. 용병에게 개인적인 원한이 있는 것은 아닌지 의심이 들 정도다.

060

용병을 저주해야 하는 이유

용병의 문제점을 좀 더 세세하게 설명하면 다음과 같다.
용병 대장은 능력이 있어도 문제이고 능력이 없어도 문제다. 능력이 있는 용병대장은 고용주인 군주를 공격하거나 군주가 원치 않는 사람을 공격해 좀 더 높은 자리에 오르기를 원하기 때문에 문제이고, 능력이 없는 용병대장은 다른 적들의 공격을 방어할 수 없기 때문에 문제이다.
결국 자신의 군대를 가진 군주는 성공했지만, 용병을 사용한 군주는 전혀 성공하지 못했다. 로마와 스파르타는 자신의 군대로 수세기 동안 전성기를 누렸고, 최근에 스위스도 훌륭한 군대를 통해 전성기를 누리고 있다.

용병대장 중에는 능력이 있는 자와 그렇지 못한 자가 있다. 만일 능력이 있는 인물이라면 신뢰해서는 안 된다. 그들은 항상 고용주인 군주를 공격하거나 군주의 뜻과는 달리 다른 사람을 공격함으로써 높은 자리에 오르기를 열망하기 때문이다. 반면 무능한 자라면, 군주는 당연히 몰락하게 될 것이다. ”

짧고 메시지

용병은 무조건 안 된다. 잘나도 못나도, 절대 안 된다.

061

용병 때문에 폭망한 다양한 사례

고대에는 용병 때문에 폭망한 경우가 여럿 있다. 카르타고는 로마와 제1차 전쟁이 끝난 후 용병들에게 공격을 받아 거의 정복되기 직전까지 몰렸다. 마케도니아의 필리포스 용병은 전쟁에서 승리하자 자신의 고용주를 공격했고, 밀라노인들이 베네치아와 싸우기 위해 고용했던 프란체스코 스포르차는 베네치아와 연합해 고용주인 밀라노를 공격했다. 나폴리의 조안나 여왕이 고용했던 스포르차의 아버지 역시 갑자기 여왕 곁은 떠났다.

카르타고는 로마와의 제1차 전쟁 후, 용병대장들이 자국민이었음에도 불구하고 용병들에게 공격을 받아 거의 정복될 지경에 이르렀다. 마케도니아의 필리포스는 에파미논다스가 죽은 후 테베인들에 의해 장군이 되었는데, 전쟁에서 승리하자 그들로부터 자유를 빼앗았다. (중략…) 나폴리의 조안나 여왕에 의해 용병대장으로 고용되었던 스포르차의 아버지 역시 갑자기 여왕의 곁을 떠났으며, 군대를 잃은 여왕은 왕국을 지키기 위해 아라온 왕에게 도움을 청할 수밖에 없었다. ″

짤고 메시지

다시 한 번 말하지만 용병은 절대 안 된다. 어떤 식으로든 뒤통수를 치기 마련이다.

062

용병 때문에 잘 됐어도 그건 순전히 운

베네치아와 피렌체는 용병을 고용해 영토를 확장시키기도 했는데, 순전히 운이 좋아서였다. 용병 대장 중 일부는 전쟁에서 졌고, 일부는 경쟁자가 있었고, 일부는 자신의 야망을 다른 곳에서 펼치려 했기 때문이다. 존 호크우드는 전쟁에서 진 용병대장인데 그가 이겼다면 피렌체가 그의 손에 넘어갔을 거라는데 이견을 두는 사람은 없었다. 스포르차 가문과 브라체시 가문은 늘 적대적 관계에 있어서 서로를 견제했는데, 프란체스코는 자신이 야망을 이루기 위해 롬바르디아로 갔고, 브라치오는 교회와 나폴리 왕국에 관심이 있었다. 최근 사례로는 피렌체인들이 용병대장으로 고용한 파올로 비텔리가 있다. 그는 매우 유능한 인물로 평가받았는데, 그가 만약 피사를 점령했다면 피렌체인들에게 계륵 같은 존재가 됐을 것이 분명했다. 계속 고용하자니 고용주의 뒤통수를 칠 것이 너무 명확했고, 그렇다고 해고하자니 적들이 그를 용병으로 쓸까 두려웠기 때문이다.

지난 날 베네치아와 피렌체가 용병을 고용하여 영토를 확장한 것은 용병대장들이 권력을 욕심내지 않고 자신들을 고용한 군주들에게 충성스럽게 봉사했기 때문인데, 이 문제에 관한 한 피렌체는 대단히 운이 좋았다고 할 수 있다. 왜냐하면 위험이 될 만한 유능한 용병대장 중 일부는 승리를 거두지 못했고, 다른 일부는 경쟁자가 있었으며, 나머지는 자신의 야망을 다른 곳에서 성취하려고 했기 때문이다. "

짧고 메시지

역시 용병은 안 된다. 잘 된 사례가 몇 있지만, 순전히 운이 좋았기 때문이다.

063

모든 것을 잃게 만들 수 있는 용병

베네치아인들은 타 지역에서 자국의 군대만으로도 충분히 효과적인 전쟁을 치러왔다. 하지만 본토에서 전쟁을 하면서 용병이 필요해지기 시작했다. 처음 용병을 쓸 때는 별다른 문제가 없었다. 하지만 용병대장 카르마뇰라가 진두지휘하며 밀라노 공작을 물리치자 비록 그가 유능하지만 마지못해 전쟁을 하고 있다는 것을 깨닫게 되었다, 때문에 그를 해고하지 않으면 더 이상 승리도 힘들 것으로 판단했다. 하지만 그를 해고할 경우 반란을 일으킬까 두려워 결국 그를 죽일 수밖에 없었다.
이후 바르톨로메오 데 베르가모, 로베르트 다 산 세메리노, 피티글리아노 백작 등을 용병대장으로 기용했지만, 영토 확장보다는 이미 가진 영토를 잃지 않기 위해 전전긍긍해야만 했다. 이런 우려는 프랑스군에게 크게 패하면서 현실로 나타났다. 800여 년의 노력 끝에 얻은 것을 한 번의 패배로 잃게 된 것이다.

그 후 베네치아인들은 바르톨로메오 데 베르가모, 로베르트 다 산 세메리노, 피티글리아노 백작 등을 용병대장으로 기용했으나, 그들의 지휘하에서는 새로운 영토의 점령보다는 이미 가진 영토를 잃는 것을 두려워해야 했다.
이런 우려는 그들이 800여 년의 노력 끝에 얻은 것을 단번에 잃어버린 바일라 전투에서 현실로 나타났다. 요컨대 용병을 활용하면 매우 느린 속도로 사소한 이득을 얻을 수 있는 반면, 그 손실은 너무 갑작스러워 깜짝 놀랄 만한 것이다. //

짧고 메시지

무슨 일이 있어도 용병은 안 된다. 순간의 판단 미스로 모든 것을 잃을 수 있다.

064

이탈리아 용병제의 기원

이탈리아가 용병에 의지하게 된 특별한 사연이 있다. 그것을 알기 위해서는 이탈리아에서 황제의 지배력이 약해진 반면 교황의 지배력은 왜 강해졌는지, 이탈리아가 왜 여러 나라로 분할되었는지 알아야 한다.

오랫동안 황제의 지원을 등에 업은 귀족들의 억압을 받던 많은 이탈리아 대도시 백성들은 결국 참지 못하고 반란을 일으켰고, 교회는 자신들의 권한 확대를 위해 그런 반란을 조장했다. 그 결과 이탈리아는 교회와 몇몇 공화국이 지배하는 나라로 분할되었다. 하지만 성직자와 새로운 공화국의 지도자들은 군대를 조직해 본 경험이 없어 외국의 군인들을 고용하기 시작한 것이다.

그렇게 용병제가 정착된 이후 이탈리아는 주변국의 봉이 되는 굴욕의 역사를 떠안을 수밖에 없었다.

최초로 용병제의 중요성을 널리 알린 사람은 로마냐 출신의 알베리코 다 쿠니오였다. 그의 영향을 받아 브라치오와 스포르차가 전면에 부상하게 되었다. 그 이후에도 많은 장군들이 나와 오늘날에 이르기까지 용병대를 지휘해왔다. 그들이 보여준 능력 덕분에 이탈리아는 샤를 왕에게 짓밟히고, 루이 왕에게 약탈당했으며, 페르난도 왕에게 공략당하고, 스위스인들에게 수모를 당했다. "

짧고 메시지

그러니까 용병은 안 된다. 치욕의 이탈리아 역사가 이를 증명한다.

065

용병들의 얄팍한 수법

용병대장들은 보병보다는 기병을 선호했다. 적은 규모만으로도 효과적인 전투가 가능하기 때문이었다. 게다가 자신들과 병사들의 안위를 위해 모든 노력을 다했다. 전투에서 죽이지 않고 생포했다가 몸값 없이 풀어주었고, 도시를 포위한 군대도 야간 전투를 삼갔다. 주둔지에서도 방어 태세를 갖추지 않았고, 겨울에는 아예 전쟁을 하지 않았다.
이런 관행들은 이탈리아에서 불문율처럼 통용됐고, 덕분에 이탈리아는 그 주변 지역에서 가장 허약한 국가가 되었다.

더 나아가 그들은 자신들과 병사들에게 닥칠 고난과 위험을 줄이는 데 모든 수단을 다 동원했다. 그들은 전투에서 서로를 죽이지 않고 생포했으며, 나중에 몸값 없이 풀어주었다. 도시를 포위한 군대도 야간에는 공격하지 않았으며, 도시를 방비하던 군대 또한 포위군에 대한 공격을 삼갔다. 주둔지에서도 방어용 벽이나 참호를 만들지 않았고, 겨울에는 전투를 하지 않았다. 이런 모든 관행들은, 이미 말한 것처럼 고통과 위험을 피하기 위한 군사적 불문율로서 허용되고 채택되었다. 그 결과 용병을 고용한 이탈리아는 노예 상태로 떨어지는 수모를 겪게 되었다. ”

❗ 짤고 메시지

결론적으로 말해서 용병은 안 된다. 노예 수준으로 전락한 이탈리아처럼 되고 싶다면 용병제를 도입하라.

제 13 장

원군, 혼성군,
그리고
자국군

066

독이 든 성배, 원군

원군은 군주가 다른 외부의 세력에게 요청해 파견되는 군대다. 용병과 성격은 다르지만 위험하기는 마찬가지이다. 원군은 군주에겐 결국 독이 될 수밖에 없는데 전쟁에서 패배하면 같이 망하고 승리하면 그들의 포로가 되기 때문이다. 교황 율리우스 2세는 용병부대가 페라라 전투에서 프랑스 군에게 고전을 면치 못하자 에스파냐의 페르난도 왕에게 원군을 요청했다. 다행히 원군이 라벤나에서 대패했지만, 스위스 군이 도착해 프랑스 군을 몰아내주는 바람에 적의 포로도 되지 않고 원군의 지배도 받지 않게 되었다. 군대가 없는 피렌체는 피사를 차지하기 위해 프랑스 군을 고용했으나 이전보다 더한 고난을 겪어야 했고, 콘스탄티노플의 황제는 그리스로 투르크 군을 불러들였는데 전쟁이 끝난 후에도 원군이 돌아가지 않아 이때부터 그리스에서 이교도의 지배가 시작되었다.

원군은 또 다른 형태의 쓸모없는 군대로, 어떤 군주가 외부의 강력한 세력에 구원을 청했을 때 그를 지원하고 방어하기 위해 파견되는 군대다. 최근에 교황 율리우스 2세는 자신의 용병부대가 페라라 전투에서 별다른 성과를 거두지 못하자, 에스파냐의 페르난도 왕에게 자신을 도울 군대를 보내달라고 청했다. 이런 원군은 그 자체로는 유익하고 쓸모가 있겠지만, 그들을 불러들인 군주에게는 거의 대부분 유해하다. 만일 그들이 패배하면 군주도 함께 몰락하고, 승리하면 그들의 포로가 되기 때문이다. //

짧고 메시지

군주에게 독이 되는 군대의 또 다른 이름 원군. 용병과 성격은 다르지만 쓸모없긴 마찬가지.

067

용병과 원군의 차이

원군은 용병보다 더 위험하다. 용병은 승리하더라도 조직력이 약해 고용자인 군주를 위협하는 데 시간과 기회가 필요하지만, 원군은 조직력이 강하고 자신을 부른 군주와 직접적인 고용 관계가 아니므로 군주에게 더 위협적인 존재가 된다. 따라서 현명한 군주라면 원군을 이용해 전쟁에서 승리하는 것보다 자신의 군대로 패배하는 쪽을 택한다.

정복을 바라지 않는 군주라면 원군을 요청해도 괜찮다. 원군은 용병보다 훨씬 더 위험하므로, 원군을 끌어들이는 것은 파멸을 예약하는 것이다. 원군은 단결되어 있고 타인에게 복종하는 데 길이 들어 있다. 그러나 용병의 경우에는 승리하더라도 고용주인 군주를 해치기까지는 더 많은 시간과 더 좋은 기회를 필요로 한다. 용병은 군주에 의해 고용되고 보수를 받으므로 결속된 모습을 보이지 못한다. 또한 군주에 의해 장군으로 임명된 외부인은 단시간 내에 군주를 위협할 만한 권위를 구축할 수 없다. //

짤고 메시지

타인의 힘을 빌려 목적을 달성하는 것은 언제나 위험하다. 하지만 목적을 위해 타인의 힘을 사용하는 것과 타인의 힘에 의존해 목적을 달성하는 것은 천지차이이다. 원군이 용병보다 위험한 근본적인 이유이다.

068

자신의 군대로 성공한 체사레 보르자

이탈리아의 체사레 보르자는 프랑스 원군과 함께 로마냐에 침입해 이몰라와 포를리를 점령했다. 하지만 프랑스 군을 믿지 못해 오르시니와 비텔리의 용병을 고용했다. 이후 용병들의 충성심을 의심해 전원 해고하고 다시 자신의 군대를 조직했다. 어떤 형태의 군대가 가장 효과적이었는지는 결과로 입증됐다. 보르자가 군주로 명성을 드높이게 된 것은 바로 자기 군대를 가진 이후부터였다.

이런 다양한 군대의 차이점은 프랑스 군대를 사용했을 때와 오르시니 및 비텔리의 군대를 고용했을 때, 그리고 자신의 군대에만 의존했을 때 그가 누렸던 명성이 각각 어떻게 변화되었는지 살펴보면 명확해질 것이다. 그의 영향력은 계속 높아졌는데, 특히 그가 자기 군대를 완벽하게 장악한 것을 만인이 인식하게 되었을 때 가장 높은 명성을 얻었다는 것을 알 수 있다. ″

짧고 메시지

문득 떠오르는 영화 속 명대사. "강한 놈이 살아남는 것이 아니라 살아남은 놈이 강한 것이다." 과정이야 어떻든 성공한 군주는 결과로 평가받는다.

069

이기기 위해 필요한 것

앞에 다뤘던 시라쿠사의 히에론도 비슷한 예이다. 그는 시라쿠사인들의 도움으로 군대의 지휘관이 되었지만, 용병들이 이탈리아의 용병처럼 아무 쓸모가 없음을 깨달았다. 군대를 유지하기도 해체하기도 애매하자 그는 모두 살해하고 자신의 군대로 전쟁을 치렀다.

구약성서에도 좋은 예가 있다. 다윗이 팔레스타인의 맹장 골리앗과 싸우게 되었을 때 사울 왕은 격려 차원에서 자신의 무기와 갑옷을 선물했다. 하지만 자신에게 적합한 무기가 아니라는 것을 깨닫고 그 유명한 돌팔매질로 골리앗을 물리치게 된다.

앞서 말한 것처럼 그는 시라쿠사인들에 의해 그 군대의 지휘관이 되었으나, 그 용병들이 우리 이탈리아의 용병과 흡사한 부류의 병사들로 이루어져 아무 쓸모가 없음을 알아차렸다. 그로서는 그것을 유지할 수도 없고, 그렇다고 해체할 수도 없었으므로 그들을 모두 참살해 버렸다. 그런 다음 외국 군대의 지원 없이 자기 나라 군대만으로 전쟁을 치렀다. ”

짤고 메시지

이기고 싶다면 명심해야 할 두 가지. 자신에게 맞는 옷을 찾을 것, 찾았다면 과감히게 실천할 것.

070

후계자의 치명적인 실수

프랑스를 영국에서 해방시킨 루이 11세의 아버지 샤를 7세는 오직 자신의 군대만을 신뢰했다. 그래서 기병과 보병으로 편성된 군대를 오직 자신의 군대로만 유지했는데, 아들 루이 11세는 보병을 폐지하고 기병의 일부를 스위스 용병으로 대체했다. 이렇게 프랑스군은 자국군과 용병으로 이루어진 혼성군이 되었다. 당연히 보병이 해체된데다 기병까지 스위스군에 의지하게 된 프랑스군의 사기는 바닥으로 떨어졌다. 결국 프랑스군은 스위스와 합동으로 싸우는 데 익숙해져 그들이 없으면 아무 것도 할 수 없는 지경에 이르게 되었다. 아버지가 만들어 놓은 군사제도를 그대로 유지만 했더라도 프랑스가 무적국가가 될 거라는 데 이견을 다는 사람은 거의 없다.

결국 섣부른 변화의 시도가 프랑스의 몰락을 자초한 것이다.

그 후 그의 아들 루이 11세는 보병을 폐지하고 스위스 용병을 고용하기 시작했다. 이 잘못된 정책은 다른 실수들과 결부되어 프랑스 왕국을 위기로 몰아넣는 원인이 되었다. 스위스군의 입장을 강화시킴으로써 그는 나머지 군대의 사기를 떨어뜨렸다. 프랑스군의 보병을 해체하고 기병은 외국 군대에 의존하게 만들었기 때문이다. 그로 인해 스위스군과 합동으로 싸우는 데 익숙해진 기병들은 그들이 없으면 아무것도 할 수 없는 지경에 이르렀다. "

짧고 메시지

변화는 확신이 있을 때 좋은 결과를 기대할 수 있다. 하지만 그 확신은 누구나 쉽게 단정 지어 말할 수 있는 것이 아니다.

제 14 장

군사에 관한 군주의 처신

071

성공한 군주의 조건

군주는 오직 전쟁과 전술, 군사훈련에만 관심을 가져야 한다. 그런 군주만이 성공할 수 있고, 개인적인 욕망을 갖는 군주는 반드시 몰락하고 만다, 프란체스코 스포르차는 군대 전반에 대한 이해도가 높아 군주가 되었지만, 그의 후손들은 그렇지 못해 군주의 자리를 지키지 못했다. 군주는 군사력을 갖추지 못하면 무시당하기 십상이다. 무력을 갖춘 사람이 스스로 그렇지 못한 사람에게 복종하지 않는 것처럼, 무력을 갖춘 신하들 사이에서 그렇지 못한 군주가 안전하기를 기대할 수 없다. 뿐만 아니라 군사에 대한 이해도가 떨어지는 군주는 자신의 병사들에게 존경받지 못한다.

군주는 전쟁과 기술, 그리고 군사훈련을 제외하고는 그 어떤 일이든 목표로 삼거나 관심을 가져서는 안 되며, 또 연구해서도 안 된다. 그것이야말로 통치자에게 어울리는 유일한 기술이기 때문이다. 그런 일에 집중한 데 따른 효과는 세습 군주로 하여금 그 지위를 유지하게 해줄 뿐만 아니라, 때때로 일개 시민을 군주의 자리에 오를 수 있게 해주기도 한다. 그 반면 군주가 군대에 관련된 일보다 개인적인 쾌락에 더 몰두하면 그 권력을 잃게 되는 것이 당연하다.

짤고 메시지

개인적인 욕망을 거세하고 오직 자신을 강하게 만드는 데 집중해야 성공한 군주가 될 수 있다는, 간단하지만 누구도 거부할 수 없는 마키아벨리의 메시지. <군주론>이 고전으로 칭송받는 이유이다.

072

현장의 중요성

군주는 전시가 아닌 평시에 군사 전반에 관해 훈련하고 연구해야 한다. 군대를 잘 조직하고 훈련시키는 것뿐만 아니라, 사냥을 통해 신체를 단련하고 지형에 대한 이해를 높이는 것이 중요하다. 자신의 영토에 대한 이해가 높아지면 전쟁이 벌어졌을 때 어떻게 방어해야 하는지 잘 알게 될 뿐만 아니라, 처음 마주하는 지역에 대해서도 빠르게 대처할 수 있다. 이런 능력을 갖춰야 전쟁에서 군대를 지휘할 수 있고, 지도자로서 인정받을 수 있다.

즉 산은 어떻게 솟아 있고 계곡은 어떻게 전개되고 평야는 어떻게 펼쳐져 있는지 관찰해야 한다. 그 밖에도 강과 늪의 특성을 꿰뚫고 있어야 하는 등, 군주는 이런 모든 일에 관심을 기울여야 한다.
이런 지식들은 두 가지 의미에서 가치가 있다.
첫째, 자기가 다스리는 나라의 지형을 잘 알게 되어 유사시 어떻게 방위해야 하는지 보다 잘 이해하게 된다.
둘째, 지형에 대한 밝은 지식을 바탕으로 군주는 처음 마주하게 되는 지역의 특징에 대해서도 쉽게 파악할 수 있다.

짧고 메시지
현장통치, 혹은 현장경영의 중요성. 현 시점에서 이 메시지는 거의 모든 분야에서 유효하지만, 어떤 분야에서도 제대로 지켜지지 않고 있다.

073

소통의 중요성

아카이아 동맹의 주역 필로포이멘이 좋은 평가를 받는 이유 중 하나는 평상시에 병사들과 소통하며 전술에 대해 고민했다는 점이다. 군사들과 훈련을 나가 전쟁이 발발했을 때 발생할 수 있는 다양한 상황을 설정하고, 대처방법에 대해 허심탄회하게 의견을 주고받았다. 반복적으로 소통할 수 있는 장을 마련한 덕분에 실제 군대를 지휘할 때 그가 대처하지 못할 상황은 발생하지 않았다.

적이 저 언덕에 있고 우리가 여기에 군대를 배치한다면, 누가 더 유리한 위치에 있는가? 어떻게 하면 우리가 적절한 진형을 유지하면서 적을 공격할 수 있을까? 만일 우리가 후퇴하려면 어떻게 해야 하는가? 또 적이 퇴각한다면 어떻게 추격해야 할 것인가? ”

이와 같이 그는 군대가 처할 수 있는 모든 상황을 제시한 다음, 그들의 의견을 듣고 또 나름대로의 근거를 가지고 자신의 의견을 밝혔다. 끊임없이 이런 토론을 했기 때문에, 실제로 군대를 지휘할 때 그가 처리하지 못할 어려운 상황은 발생하지 않았다. ”

❗ 짧고 메시지

소통의 중요성은 아무리 강조해도 지나치지 않다

074

벤치마킹의 중요성

책을 통해 위대한 인물들의 행적을 추적해보는 것도 필요하다. 그들이 전쟁에서 어떻게 행동했고, 승리의 요인은 무엇이었으며, 왜 패배했는지…. 벤치마킹을 통해 해법을 찾을 수 있기 때문이다.
잘 알다시피 알렉산드로스 대왕은 아킬레우스를 모방했고, 카이사르는 알렉산드로스를, 스키피오는 키루스를 모방했다. 다시 말해 위대한 인물들도 자신들이 동경하던 인물들의 행보를 지침으로 삼았다는 점을 명심할 필요가 있다.

연구를 위해 군주는 역사서를 읽어야 한다. 그중에서도 특히 위대한 인물들의 행적을 연구해야 한다. 그들이 전쟁 중에 어떻게 처신했는지 살피고, 실패를 피하고 정복을 이루기 위해 그들이 거둔 승리와 패배의 원인을 검토하며, 무엇보다도 위대한 인물들을 모범으로 삼아야 한다. 과거의 위대한 인물들도 그들 이전에 찬양과 영광의 대상이었던 사람들을 모방하고자 그 행위와 업적을 마음속에 새겼던 것이다. ”

짧고 메시지

제14장의 메시지는 현대인의 일용할 양식(daily bread)으로 손색이 없다. 이 메시지를 작성한 마키아벨리가 500년 전 이탈리아 사람이라는 것이 믿기지 않을 정도로 매우 시의적절하고 타당하다.

제 15 장

군주가 칭찬받거나 비난받는 경우

075

군주의 처신에 대한 방향 설정

이 장은 군주의 처신에 관한 것이다. 나는 옳고 그름 따위의 가치판단 기준이 아니라 매우 현실적인 관점으로 이 문제에 접근하고자 한다.
인간이 실제로 살고 있는 방식과 살아가야 할 방식에는 차이가 존재할 수밖에 없는데, 군주의 권력은 후자를 통해서 유지될 수 있다. 선(善)만을 추구하는 사람은 그렇지 않은 사람들 사이에서 생존할 수 없기 때문에, 군주는 자신의 직위 유지를 위해 때로는 부도덕할 필요가 있다는 것을 깨달아야 한다.

인간이 실제로 살고 있는 방식과 살아가야 할 방식 사이에는 분명히 차이가 있으므로, 반드시 해야 하는 일을 소홀히 하는 군주는 권력을 유지하기보다는 오히려 잃게 된다. 어떤 상황에서나 완벽한 선의 추구를 고집하는 사람은 선량하지 못한 사람들에 둘러싸여 파멸하지 않을 수 없기 때문이다. 따라서 자신의 지위를 유지하고자 하는 군주는 필요에 따라 부도덕하게 행동하는 것을 배워야 한다.

짧고 메시지

군주는 통치자이지 성인군자가 아니다. 따라서 군주의 행동은 오직 효율적인 통치를 위한 수단과 방법이 되어야 한다. 지당하신 말씀이다.

076

군주의 성품과 자질의 상관관계

최대 권력자인 관계로, 군주의 성품이 사람들의 입에 오르내리는 것은 당연하다. 사람들은 여러 가지 표현으로 사람을 평가한다. 관대하거나 인색한 사람, 잘 베풀거나 탐욕스러운 사람, 잔인하거나 자비로운 사람, 불성실하거나 성실한 사람, 나약하고 겁이 많거나 강인하고 용감한 사람, 겸손하거나 오만한 사람, 음탕하거나 절제하는 사람, 진실하거나 교활한 사람, 융통성이 있거나 고지식한 사람, 진지하거나 경솔한 사람, 신앙심이 있거나 없는 사람 등.
군주의 성품이 긍정적인 평가들로 가득하다면 더할 나위 없이 좋겠지만, 현실적으로 불가능에 가깝기 때문에 군주는 정치적으로 고립될 정도의 나쁜 평가를 받지 않으려 노력한다. 하지만 설사 나쁜 평가를 받는다 해도 그다지 걱정할 필요는 없다. 심지어 권력 유지를 위해 나쁜 평가를 받는 것이 필요하다면 주저해서도 안 된다. 권력 유지의 관점에서 볼 때 나쁜 평가가 좋은 평가보다 더 쓸모 있는 경우가 많기 때문이다.

어쩔 수 없는 일이라면, 그런 악덕에 대해 지나치게 걱정할 필요는 없다. 그런 악덕 없이 그 지위를 유지할 수 없을 때는 그로 인해 듣는 나쁜 평판에 개의치 말아야 한다. 전반적인 문제에 대해 신중히 따져보면, 얼핏 미덕으로 보이는 것이 파멸을 초래하는 수도 있는 반면, 악덕으로 보이는 것이 결과적으로 자신의 안전과 번영을 보장하는 경우가 있기 때문이다. "

짧고 메시지

뜬금없이 드는 생각. 좋은 성품을 지녔지만 무능력해서 백성들의 삶을 파탄에 이르게 하는 통치자와 사악한 성품을 지녔지만 뛰어난 능력을 지녀 백성들이 풍족하게 살 수 있게 하는 통치자가 있다면, 나는 어떤 사람을 좋은 통치자라고 생각할까?
너무 극단적인 예라 적절치 않다고 생각할 수 있는 관계로 뜬금없이 드는 생각 하나 더! 성품과 능력을 몇 대 몇으로 분할해 겸비한 통치자가 이상적인 것일까?
50:50? 42:58? 30:70? 21:79? 10;90? 아님 그 반대?

제 16 장

관대함과 인색함

077

관대하다는 평가에 대한 오해와 진실

군주가 관대하다는 평가를 듣는 것은 일반적인 관점에서 보면 바람직하지만, 실제로는 그렇지 않다. 관대하다는 평가는 보통 백성들의 삶이 넉넉하고 풍요로워야 나올 수 있는데, 그렇게 되기 위해서 군주는 국고를 총동원해 퍼주기식 예산을 편성해야 한다. 하지만 그건 다시 무거운 세금으로 백성들에게 돌아갈 수밖에 없다. 세금으로 부메랑을 맞은 백성은 결국 군주를 비난하게 되고, 군주는 재정적인 어려움에 더해 모든 이들의 지지에서 멀어지게 된다. 결국 관대함은 혜택 받는 사람 없이 모든 이에게 피해를 입히는 결과를 초래한다.

세상에서 관대하다는 평판을 들으려면, 사치스러운 허식의 형태를 소홀히 할 수가 없다. 그로 인해 군주는 어쩔 수 없이 자신의 모든 자원을 소모하고 만다. 그리고 관대하다는 평판을 유지하기 위해 백성들에게 무거운 세금을 부담시키는 등 자금 축적을 위한 모든 수단을 동원하게 될 것이다. 그리하여 백성들의 원한을 사게 되며, 재정적으로 궁핍해져 아무에게도 존경받지 못하게 된다. ”

짧고 메시지

군주와 백성의 관계에 대한 마키아벨리의 탁월한 해석. 할많하않(할 말은 많지만 하지 않는다).

078

진정한 관대함은 검소함

관대하다는 평가는 국고의 손실 없이는 받을 수 없는 평가이기 때문에 군주의 입장에서는 오히려 인색하다는 평가를 받는 것이 낫다. 인색하다는 평가를 받으며 국고를 비축해놓으면 적들이 공격해도 백성들에게 재정적 부담을 주지 않고 적들의 공격을 막아낼 수 있다. 백성들은 자신의 재산이 풍부할 때 군주를 관대하다고 평가하기 때문에, 결과적으로 '진정으로 관대하다'는 평가를 받을 수 있다. 오늘날 위대한 업적을 이룬 사람들은 모두 인색하다는 평가를 받았다. 교황 율리우스 2세는 교황의 자리에 오르기 전까지는 관대하다는 평판을 활용했지만, 교황이 된 후 프랑스와 전쟁할 때는 그것에 연연하지 않았다. 프랑스 왕 루이 12세도 백성들에게 세금을 부과하지 않고 검소한 재정운영을 통해 많은 전쟁을 수행했다. 에스파냐 왕도 관대하다는 평가를 받았다면 그토록 많은 전쟁을 수행하지도, 그만큼 승리하지도 못했을 것이다.

군주는 스스로의 손실 없이 관대함이라는 미덕을 실천하고 동시에 관대하다는 평판을 얻을 수 없으므로, 현명한 군주라면 인색하다는 평판을 두려워해서는 안 된다. 왜냐하면 그의 검약으로 공격해 오는 어떤 적도 방어할 수 있고, 백성들에게 부담을 주지 않고 전투를 수행할 수 있을 만큼 그의 재정이 충분하다는 사실이 알려지면, 그는 관대한 처신을 했던 것보다 더 관대하다는 평판을 듣게 된다. ”

짧고 메시지

전쟁이 일상이 된 상황이 불러온 비극적 세계관. 전쟁이 났을 때 더 피폐해지지 않기 위해서라도, 혹은 전쟁에서 끝까지 살아남기 위해서라도 일상의 피폐함은 감수해야 한다.

079

관대함의 예외조항

현명한 군주는 인색하다는 평가를 두려워해서는 안 된다. 인색하다는 평가는 군주로서 치명적인 결격 사유에 해당하는 평가가 아니기 때문이다. 게다가 이런 평가를 통해 백성들을 착취하지 않고 국가를 지켜낼 수 있다면, 또한 궁극적으로 가난하다고 손가락질 받지 않을 수 있다면 더더욱 그렇다. 카이사르 같은 인물은 관대하다는 평가를 받았음에도 성공했지만, 그건 군주가 되기 이전에 대한 평가였다. 카이사르가 로마 최고 권력자가 되기 전에는 관대하다는 평가가 필요했지만, 최고 권력자가 된 이후에도 그런 평가를 받았다면 아마 권력을 잃게 되었을 것이다. 반면, 관대하다는 평가를 받으면서도 많은 군주들이 위대한 업적을 달성하지 않았냐고 반문할 수도 있다. 하지만 군대를 이끌고 전쟁터에 나가 획득한 재물로 군대를 유지하고 넉넉한 씀씀이를 보이며 관대하다는 평가를 받는 것은 별개의 문제다. 군주는 백성들의 것이 아니라 타인의 것은 후하게 베풀어도 전혀 문제가 되지 않는다.

그러므로 현명한 군주는, 백성들을 착취하지 않고도 자신을 지키기 위해, 가난하여 멸시당하지 않기 위해, 그리고 약탈을 하지 않기 위해 인색하다는 평판을 듣는 것에 개의치 말아야 한다. 인색함이란 나라를 다스리는 데 허용된 악덕 중 하나이기 때문이다. ”

짤고 메시지

관대하다는 평가는 절대 안 된다. 무조건 인색해져라. 단, 군주가 되기 전 관대한 척하는 것과 남의 것을 빼앗아 베풀며 관대해지는 것은 예외다.

제 17 장

잔인함과 자비로움
사랑받는 것과
두려움의
대상이
되는 것

080

잔인함과 자비로움을 판단하는 기준

군주는 잔인하다는 말을 듣는 것보다 자비롭다는 말을 듣는 게 좋다. 하지만 모든 경우가 그렇지는 않다.

체사레 보르자는 잔인하다는 말을 들었지만, 결과적으로 로마냐의 질서를 회복하고, 그 지역을 통일시켜 살기 좋은 곳으로 만들었다. 잔인하다는 말을 듣지 않기 위해 피스토이아가 붕괴되는 것을 방치한 피렌체인들보다 어쩌면 보르자가 더 자비로웠을 수도 있다.

다시 말해 잔인함과 자비로움은 결과로서 판단된다. 자비를 베풀어 혼란을 야기하는 군주보다 잔인한 행위로 기강을 바로잡아 평화롭게 만드는 군주가 더 자비로울 수 있다.

군주는 그 신민들을 결속시키고 충성을 바치도록 만들 수만 있다면 잔인하다는 평판을 듣는 것을 두려워해서는 안 된다. 도에 넘친 자비를 베풀어 혼란 상태를 초래, 백성들이 약탈과 파괴를 경험하게 하는 사람에 비하면, 아주 가끔 잔인한 행위를 함으로써 기강을 바로잡는 군주가 결과적으로 더 자비롭게 보일 것이다. 군주의 잔인함은 특정한 개인에게만 해를 끼치는 것이지만, 전자의 경우는 국가 전체에 해를 끼치게 되기 때문이다. ”

짧고 메시지

결과지상주의자 마키아벨리의 신념은 언제나 확고하다. 그에게 과정이나 동기 따위는 거추장스러운 치장에 불과하다.

081

인간에 대한 마키아벨리식 성찰 1

군주는 사랑받는 동시에 두려운 존재가 되는 것이 가장 바람직하다. 하지만 양자택일하라면 두려움이 대상이 되는 것이 훨씬 안전하다. 그건 인간의 특성에서 기인한다.
인간은 은혜를 모르고, 변덕스러우며, 위선적인데다가 비겁하고, 눈앞의 이익에 탐욕스럽다. 군주가 자신들에게 은혜를 베풀어도 감사하는 것은 그때뿐, 군주가 위험에 빠지면 등을 돌리고 만다.

인간은 두려워하는 자를 해칠 때보다 사랑하는 자를 해칠 때 덜 주저한다. 인간이란 비열한 존재이므로, 일종의 의무감에 의해 유지되는 사랑 따위는 자신들의 이익을 위해서라면 쉽게 팽개쳐 버리기 때문이다. 그러나 두려움은 처벌에 대한 공포에 의해 유지되기 때문에 버릴 수가 없다. "

짧고 메시지

마키아벨리의 확고한 신념은 인간의 본질까지 파헤치며 거침없이 질주한다.

082

인간에 대한
마키아벨리식 성찰 2

사랑받지는 못하지만 최소한 미움 받지 않으면서 두려운 존재로 군림하는 방법도 있다. 다른 것은 몰라도 백성들의 재산과 부녀자들을 건들지 않는 것이다. 누군가를 죽여야 한다면 적절한 명분과 이유를 만들어 행하면 되지만, 타인의 재산을 빼앗는 일만은 절대 삼가야 한다. 그게 인간의 본성이다.

미움을 받지 않고 두려움의 대상이 되는 것은 전적으로 가능하다. 군주가 그 신민들의 재산과 부녀자들에게 손을 대지 않는 한 언제든 그와 같은 상태를 유지할 수 있다. 만약 누군가가 어쩔 수 없이 죽여야 할 때에는 명백한 이유와 적절한 명분이 있어야 한다. 그러나 무엇보다도 타인의 재산을 빼앗는 것은 삼가야 한다. 왜냐하면 사람이란 아버지의 죽음은 쉽사리 잊어도 재산을 잃은 것은 좀체 잊어버리지 못하기 때문이다.

짧고 메시지

마키아벨리의 확고한 신념은 인간의 본질까지 파헤치며 거침없이 질주한다, 2.

083

무자비함의 효용성

군대를 통솔할 때 잔혹하다는 평판을 두려워하는 군주는 절대로 군대를 통솔할 수 없다. 한니발이 좋은 예인데, 그가 일궈낸 성과보다 더욱 칭찬받아 마땅한 일은 부하들을 관리하는 방식이었다. 한니발은 머나먼 타역에서 대군을 이끌고 수없이 많은 전쟁을 치렀지만, 상황이 좋건 나쁘건 간에 병사들 사이에서 어떠한 분란도 발생하지 않게 했다. 부하들은 언제나 그를 두려워하고 존경할 수밖에 없었는데, 그건 초지일관 유지한 무자비하면서도 잔혹한 부하들 관리 방식 덕분이었다.

군주는 자신의 군대를 통솔하고 많은 병사들을 지휘할 경우에는 잔혹하다는 평판을 겁내서는 안 된다. 그러지 않으면 군대를 통솔할 수 없고 또 전투에 대한 태세도 갖추지 못할 것이기 때문이다. 이것은 그 밖의 뛰어난 능력과 함께 부하들에게 그를 존경하고 겁내게 만든 그 무자비한 잔혹함 때문이라고 할 수 있다. 그런 잔혹함 없이 다른 능력만 가지고는 그와 같은 성과를 거둘 수 없었을 것이다. "

짧고 메시지

지금도 군대는 계급에 기반한 상명하복(上命下服) 시스템에 의해 작동된다. 사실 군대의 존립 근거 자체가 전시에 대응하기 위한 터라, 이런 시스템은 매우 타당하다. 전시라 함은 국가의 존폐와 자신의 생명이 좌우되는 긴박한 상황이기 때문에, 인간의 존엄이나 관용, 합리적 판단 같은 낭만적인 요소는 배제되는 것이 마땅하다.

084

위대한 스키피오에게 없는 단 한 가지

동시대는 물론 역사상 가장 위대한 인물 중 한 명으로 평가받는 스키피오는 군사들에게 필요 이상으로 많은 자유를 허용했다. 덕분에 그의 군대는 에스파냐에서 반란을 일으켰고, 그는 결국 로마 군대를 제대로 통솔하지 못한 혐의로 탄핵 당했다. 뿐만 아니라 스키피오는 자신이 임명한 관료가 로크리 지방을 제대로 통치하지 못해 민심이 흉흉해졌지만 그 관료를 벌하지 않았다. 모든 게 그의 관대한 성품 탓이었다. 다행히 시키피오는 원로원의 변호와 지지로 위기를 넘기고 위대한 인물로 남을 수 있었지만, 그런 지원 없이 계속 군대를 지휘했더라면 그의 명성은 역사의 뒤편으로 사라졌을 것이다.

그는 그의 시대뿐만 아니라 역사상 가장 위대한 인물 중 한 사람이었으나, 군사들에게 군율을 유지하는데 필요한 것보다 지나친 자유를 허용했기 때문에 그의 군대는 에스파냐에서 반란을 일으켰다. 그로 인해 막시무스는 원로원에서 로마 군대를 타락시킨 자라고 그를 탄핵했다. 그리고 로크리 지방이 자신이 임명한 지방장관에 의해 형편없이 황폐해졌을 때, 스키피오는 그 주민들의 원성을 들으려 하지 않았으며, 그 지방장관의 횡포도 벌하지 않았다. 이 모든 것은 스키피오의 지나치게 관대한 성품으로 인한 것이다. ″

짤고 메시지

시키피오 면선이 8할은 원루들의 몫이다.

085

두려움을 갖게 해야 하는 이유

백성들이 군주를 사랑하는 것은 자유의지에 의한 것이고, 백성들이 군주를 두려워하는 것은 군주에 의해 만들어지는 것이다. 현명한 군주라면 자신의 운명을 타인의 선택에 맡기는 우를 범해서는 안 된다.

백성들이란 자신의 선택 여하에 따라 사랑하고
군주의 선택 여하에 따라 두려움을 품게 된다.
따라서 현명한 군주는 타인의 선택에 의지할 것이
아니라 자신의 선택에 더 의지해야 한다.
다만 앞에서 말한 것처럼 미움받는
일만은 피해야 한다. 〃

짧고 메시지

만약 누군가에게 사랑받을 수도 있고 사랑받지 못할 수도 있는
상황이라면?
그리고 그 선택에 의해 자신의 운명이 바뀔 수도 있는 처지라면?
두려워 복종하게 해서, 사랑받는 것보다 더 효과적인 결과를 취하라는
마키아벨리의 조언. 나름 일리가 있는 말이다.

제 18 장

군주는 어떻게 신의를 지켜야 하는가?

086

군주에게 필요한 두 가지 성품

군주가 언제나 신의를 지키며 정직하게 살아갈 수 있다면 그것만큼 바람직한 일도 없다. 하지만, 교활한 군주가 신의를 지키는 사람들에 맞서 승리하며 위대한 업적을 더 많이 남겼다는 사실을 상기할 필요가 있다.
상대를 제압하는 방법은 두 가지가 있다. 법률에 의한 것과 힘에 의한 것이다. 전자는 인간에게 후자는 동물에게 어울리지만, 전자의 방법으로 모든 걸 해결할 수 없기 때문에 후자의 방법도 사용할 수 있어야 한다.
고대의 저술가들은 아킬레우스를 비롯한 많은 군주들이 반인반수(半人半獸)인 케이론에 의해 키워지고 교육받았다고 지적한다. 반은 짐승이고 반은 사람인 케이론을 스승으로 삼았다는 것은 군주가 두 가지 성품을 다 사용해야 생존할 수 있다는 것을 의미한다.

투쟁에는 두 가지 방법이 있음을 알아야 한다. 그중 한 가지는 법률에 따르는 것이고, 다른 한 가지는 힘에 의한 것이다. 전자는 인간에게, 후자는 짐승에게 어울리는 방법이다. 그러나 첫 번째 방법으로는 종종 다양한 상황을 감당하는 데 충분치 못하므로 두 번째 방법도 사용할 줄 알아야 한다. 따라서 군주는 사람에게 어울리는 방법뿐만 아니라 짐승에게 어울리는 방법을 사용할 줄도 알아야 한다. "

짧고 메시지

인간의 본질까지 넘나들며 군주의 애티튜드를 설파하던 마키아벨리의 진심이 드러나는 대목. 군주로 성공하려면 반인반수가 되라!

087

여우와 사자에 대한 벤치마킹

고대 저술가들의 말대로라면 군주는 짐승의 성품을 잘 활용해야 하는데, 모범으로 삼을 짐승은 여우와 사자이다. 사자는 힘이 세지만 우둔해 함정에 빠지기 쉽고, 여우는 힘이 약해 늑대로부터 자신을 지킬 수 없기 때문에 두 짐승의 특성을 고루 갖춰야 한다. 현명한 군주는 신의를 지키는 것이 자신에게 불리하거나, 조건이 변했을 때 신의를 지켜서는 안 된다. 인간은 본질적으로 악하기 때문에 약속을 지키지 않는데, 군주 역시 약속을 지킬 필요가 없기 때문이다. 심지어 군주라는 자리는 약속을 지키지 못할 명분을 얼마든지 만들어낼 수 있다.

현명한 군주라면 신의를 지키는 것이 자신에게 불리하거나, 약속을 할 당시의 조건이 이미 사라졌을 때는 신의를 지킬 수 없을 뿐만 아니라 또 지켜서도 안 된다. 만일 모든 인간이 선량하다면 이 교훈은 적절하지 않을 것이다. 그러나 인간은 본질적으로 악하여 군주와 했던 약속을 지키지 않기 때문에 군주 역시 그들에 대한 신의를 지킬 필요가 없다. 그리고 군주는 신의를 지키지 못하는 데 대한 정당한 이유들을 언제나 만들어낼 수 있다. ”

짤고 메시지

마키아벨리의 사고는 언제나 신선하다.
‘인간은 원래 약속 따위는 지키지 않는 동물인데, 군주는 약속을 지키지 못할 이유 정도는 언제나 만들어낼 수 있기 때문에 약속 따위를 지킬 필요가 선혀 없다.’

088

프로 기만러를 위한 조언

또한 여우처럼 능숙하게 다른 사람을 속이는 방법을 알아야 한다. 인간은 매우 단순해 눈앞의 이익이 있으면 쉽게 속기 때문에, 군주라면 잘 속을 수 있는 사람을 찾는 혜안도 필요하다. 교황 알렉산데르 6세는 원래 사람을 속이는 일에만 관심이 있었지만, 사람들이 반복해서 속는다는 것을 발견하고 프로 기만러가 되었다. 교황 알렉산데르 6세처럼 철저히 약속하고 맹세하면서도 철저하게 약속을 지키지 않은 사람은 아마 없을 것이다. 하지만 그는 잘 속는 인간의 단순한 성품을 파악했기 때문에 그의 기만은 늘 성공했다.

인간은 가장 위선적이며 능숙한 기만자가 되어야 한다. 또한 인간은 매우 단순하며 당장의 필요에 따라 쉽게 움직이기 때문에, 능숙한 기만자는 언제라도 속기를 원하는 자를 찾아낼 수 있다. 교황 알렉산데르 6세는 사람을 속이는 일에만 관심을 가졌는데, 그는 사람들이 번번이 속는다는 것을 발견했다. 그만큼 확고한 약속을 하고 또 철석같이 맹세하고 그 약속을 지키지 않은 사람도 없을 것이다. 그런데도 그는 인간의 단순한 성품을 잘 활용했기 때문에 그의 기만은 언제나 완벽하게 성공했다. ”

짧고 메시지

프로 기만러의 3단계 원칙

1. 약속은 지킬 필요가 없는 것이라는 마인드 확립
2. 사기의 근본적인 원리 파악과 대상을 물색하는 안목 습득
3. 위대한 사기꾼에 대한 벤치마킹

089

좋은 성품보다는 좋은 성품을 가진 척

군주는 좋은 성품을 갖출 필요는 없지만 갖춘 것처럼 보일 필요는 있다. 또 좋은 성품을 갖추려 노력하는 것은 해롭지만 갖춘 것처럼 보이는 것은 유익하다. 필요하다면 언제든 나쁜 성품을 행동으로 보여줄 준비가 되어 있어야 하며, 과감하게 실천에 옮겨야 한다. 특히 신생 군주는 자신의 지위를 보전하기 위해 신의를 저버리고 비인간적이며 무자비한 행동을 할 수밖에 없다.
군주는 자신의 운명을 위해 상황에 맞게 자신의 모습을 변화시킬 준비가 되어 있어야 하고,
필요하다면 언제든 악행을 저지를 수 있어야 한다.

그러므로 군주는 앞에서 열거한 모든 성품을 다 갖추어야 할 필요는 없으나, 마치 다 갖추고 있는 것처럼 보일 필요는 있다. 군주가 그런 성품을 모두 갖추고 끊임없이 실행하는 일은 해롭지만, 갖춘 것처럼 보이는 것은 유익하다고 감히 확언할 수 있다. ”

군주는 운명의 방향과 상황의 변화에 맞추어 자신의 처신을 달리할 수 있는 마음의 준비가 되어 있어야 한다. 그리고 앞서 말한 것처럼 가능하면 올바른 방향에서 벗어나서는 안 되지만, 어쩔 수 없을 때는 비행을 저지를 수 있어야 한다. ”

짧고 메시지

그렇다. 정치의 본질은 쇼 비즈니스(show business)이다.

090

이미지 메이킹의 중요성

실체와 별개로 군주는 말을 할 때 자비롭고, 신의가 있고, 인간적이고, 정직하고, 신앙심이 깊다는 인상을 주어야 한다. 특히 신앙심은 가장 중요하다. 실체를 확인하기 보다는 그냥 보이는 모습을 믿는 사람의 특성 때문이다. 군주를 직접 만져보고 확인할 수 있는 사람은 극소수에 지나지 않는다. 대부분의 사람들은 군주의 보이는 모습만 볼 수 있기 때문에, 대다수의 사람이 믿게 되면 극소수의 사람들은 감히 군주에게 도전할 수 없다.

사람들은 군주에게 직접 설명을 들을 수 없기 때문에, 전쟁을 잘 수행하거나 국가를 평화롭게 보전하면 군주를 존경하게 된다. 다수가 존경하면 실체를 아는 소수는 고립될 수밖에 없다.

군주를 보고 또 그 말을 듣는 사람들에게 자비롭고 신의가 있고 인간적이고 정직하고 신앙심이 깊다는 인상을 주어야 한다. 이중에서도 특히 신앙심이 깊은 것처럼 보이는 것이 가장 중요하다. 왜냐하면 사람들은 보통 손으로 만져보고 판단하기보다는 눈으로 보고 판단하기 때문이다. 대부분의 사람들은 군주를 보이는 대로 볼 수 있지만 직접 만져보고 확인할 수 있는 사람은 극히 소수이다. ″

짧고 메시지

군인 출신인 노모 씨는 순박한 표정과 '보통 사람'이라는 슬로건으로 대통령 직선제 출범 이래 선출된 최초의 대통령으로 기록되었다. 격렬한 항쟁을 통해 군사정부로부터 힘겹게 쟁취한 대통령 직선제는 보통사람이라는 피아이(personal identity)에 의해 허망하게 진압 당하고 말았다.

제 19 장

경멸과 미움을
피하는 방법

091

미움과 경멸을 받게 되는 이유

앞에서 말했지만, 군주가 백성들로부터 받지 말아야 하는 두 가지는 미움과 경멸이다. 그 중 군주를 미워하게 만드는 행위는 자신들의 재산이나 부녀자를 강탈할 때 발생한다. 대부분의 사람들은 자신의 재산과 명예를 빼앗기지 않는 한 만족하며 살기 때문에 이런 행위는 반드시 삼가야 한다. 군주를 경멸하게 만드는 건 변덕스럽고 경박하며 나약하고 소심하며 우유부단한 인물로 보일 때이다. 따라서 군주는 당당함, 용기, 진지함, 강건함을 보여주며 자신의 이미지를 쌓아나가야 한다.

군주를 미워하게 만드는 것은 탐욕스러워져서 신민들의 재산이나 부녀자를 강탈하는 것이다. 군주는 이 두 가지를 특히 삼가야 한다. 대부분의 사람들은 그 재산과 명예를 빼앗기지 않는 한 만족하며 살게 마련이다. ”

군주가 경멸을 당하게 되는 것은 변덕스럽고 경박하며 나약하고 소심하며 우유부단한 인물로 보일 때이다. 이런 결점에 대해 군주는 마치 암초를 피하듯 경계해야 한다. 군주는 당당함, 용기, 진지함, 강건함을 보여주어야 하며, 신민들의 사사로운 분쟁에 대해 자신이 내린 결정을 취소하는 일이 없도록 해야 한다. ”

❗ 짤고 메시지

군주는 결국 백성들의 삶에 피해를 입히지 않으면서 뭔가 군주답게 보여야 롱런 할 수 있다.

092

미움과 경멸을 피해야 하는 이유

군주는 항상 내부 세력의 음모와 외부 세력의 공격을 동시에 경계해야 한다. 외부 세력의 공격은 강한 군대와 든든한 동맹국이 있으면 충분히 방어할 수 있다. 내부 세력의 음모나 반란을 차단하기 위해서는 백성들로부터 미움과 경멸을 받지 않고 좋은 관계를 유지해야 한다.

군주는 두 가지를 경계해야 하는데, 그 중 하나는 대내적, 즉 신민에 관한 것이고, 다른 하나는 대외적, 즉 외세에 관한 것이다. 외세에 관련된 것은 훌륭한 군대와 믿을 만한 동맹국이 있으면 효과적으로 자신을 방어할 수 있다. (중략) 외세의 위험이 없을 경우, 군주는 자신의 신민이 은밀하게 음모를 꾸미는 것을 경계해야 한다. 군주는 그 백성들로부터 미움과 경멸을 받지 않고 그들과 좋은 관계를 유지할 때 가장 안전하게 자신을 지킬 수 있다. ”

짧고 메시지

군주는 결국 백성들과의 좋은 관계 속에서 통치의 동력을 얻을 수 있다.

093

음모를 막는 방법

군주가 내부 세력의 음모를 가장 효과적으로 차단하는 방법은 백성들로부터 미움을 받지 않는 것이다. 내부 세력이 군주를 죽이려는 음모를 꾸밀 때 가장 고려하는 것이 백성들의 지지 여부이기 때문이다.

역사상 음모는 많았지만 성공한 경우는 거의 없었다. 음모는 단독으로 꾸밀 수 없으며 반드시 다른 동조 세력이 필요하다. 하지만 다른 동조 세력에게 음모를 털어놓고 동참하기를 호소하기는 쉽지 않다. 그 계획을 듣는 것 자체로 심리적인 만족을 삼거나 성공이 불확실해 적극적으로 가담할 수 없기 때문이다.

따라서 음모를 꾸미는 자들이 가진 것은 두려움과 의심, 실패했을 때 따라올 공포심 등이고, 군주가 가진 것은 위엄과 법률, 동맹국들의 보호, 자신을 지켜줄 국가 등이다. 거기에 백성들의 지지가 더해지면, 어느 누구도 경솔하게 음모를 꾸밀 수 없게 된다.

음모에 대해 군주가 대항할 수 있는 가장 확실한 방법은 백성들로부터 미움을 받지 않는 것이다. 음모를 꾸미는 자들은 언제나 군주를 죽임으로써 백성들을 만족시킬 수 있다고 생각하기 때문이다. 그러나 음모론자들에게는 수많은 어려움과 위험이 있기 때문에, 자신들의 소행이 백성들의 분노를 사게 된다고 생각되면 그 계획을 실천에 옮길 용기를 내지 못할 것이다. ”

짧고 메시지

난세에 영웅이 나오지만, 태평성대에는 쿠데타가 성립되지 않는다.

094

백성들의 지지를 받은 벤티볼리오 가문의 사례

이런 예는 수도 없이 많지만 이탈리아 선대의 사건 하나만 들어보겠다.

블로냐의 군주였던 안니발레 벤티볼리오는 칸네스키 가문의 모반에 의해 살해되었다. 당시 벤티볼리오 가문에서는 갓난아기였던 조반니만 살아남았다.

벤티볼리오 가문은 백성들의 신임을 얻고 있었기 때문에 블로냐 백성들은 대대적으로 봉기했고, 칸넨스키 가문은 모두 살해되었다.

안니발레 벤티볼리오가 죽고 블로냐를 다스릴 사람이 없어지자, 블로냐 시민들은 피렌체에 살고 있는 벤티볼리오 가문의 핏줄을 찾아 조반니가 성년이 될 때까지 도시의 통치를 맡겼다.

백성들의 지지가 군주에게 얼마나 중요한지를 보여주는 대목이다.

그 암살 사건 직후 백성들이 들고 일어나 칸네스키 일족을 모두 살해했다. 당시 벤티볼리오 가문이 블로냐의 백성들에게 두터운 신망을 얻고 있었기 때문이다. 안니발레가 죽은 후 그 가문에는 블로냐를 다스릴 만한 사람이 남아 있지 않았다. 그런데 벤티볼리오 가문의 핏줄이(대장장이의 아들로 알려진) 피렌체에 살고 있다는 소문을 들은 블로냐 시민들은, 그를 찾아 데려다가 도시의 통치를 맡겼다. 그는 조반니가 성인이 될 때까지 블로냐를 다스렸다. ”

짤고 메시지

다시 한 번 되새기는 불변의 진리. 결국, 통치자의 진짜 힘은 백성들로부터 나온다.

095

모두를 만족시킨 프랑스의 제도

프랑스는 좋은 제도 하에서 질서 있게 잘 통치되는 나라로 손꼽힌다. 그런 프랑스의 훌륭한 제도 중 으뜸은 고등법원과 그 권위이다. 루이 9세는 귀족들의 야심과 오만을 막음과 동시에 귀족들로부터 백성들을 보호해줄 장치가 필요하다고 판단했다. 하지만 자신의 생각이 알려지는 것을 원치 않았다. 귀족이나 백성들 어느 한쪽으로부터의 지지도 잃기 싫었기 때문이었다. 그래서 그는 중립적인 기관으로 고등법원을 설치해 귀족들을 견제하고 백성들을 보호하도록 했다. 군주와 왕국의 안전을 위해 이보다 더 신중한 조치, 더 적절한 제도는 없었다.

여기서 중요한 교훈. 군주는 비난받을 만한 일은 남에게 맡기고 칭찬받을 일은 직접 해야 한다는 것이다.

백성들을 두둔한다는 이유로 귀족들의 미움을 사거나 귀족들을 두둔한다는 이유로 백성들의 미움을 사기를 원치 않았기 때문이다. 그래서 군주에 대한 직접적인 적의를 불러일으키지 않을 중립적인 기관을 설치하여 귀족들을 견제하고 백성들을 보호했던 것이다. 군주와 왕국의 안전을 위해 이보다 더 신중한 조치, 더 적절한 제도는 없다. 여기에서 또 다른 중요한 교훈을 얻을 수 있다. 즉 군주는 비난받을 만한 일은 남에게 맡기고 자비를 보일 수 있는 일은 자신이 친히 해야 한다는 것이다. ”

짧고 메시지

법과 제도의 탄생 설화. 모든 법과 제도는 자기 손에 피를 묻히지 않고 상반되는 이해관계를 상충시키려는 권력자의 의도에 의해 탄생하는 것이다.

096

로마 황제들의 사례

로마 황제들의 삶과 죽음을 연구한 사람은 내가 앞서 얘기한 것이 사실과 다르다고 반박할 수도 있다. 하지만 지금부터 그렇지 않다는 것을 밝히려 한다. 그건 철학자 마르쿠스 아우렐리우스 황제부터 막시미누스 황제까지 황제들의 행보를 들여다보면 알 수 있다. 마르쿠스와 그의 아들 콤모두스, 페르니낙스, 율리아누스, 세베루스와 그의 아들 카라칼라, 마크리누스, 헬리오가발루스, 알렉산데르, 그리고 막시미누스가 그들이다.

로마 황제들의 생애와 죽음을 검토해 본 사람들은, 지금까지 내가 제시한 견해와 반대되는 사례가 있었다며 반박할지도 모른다. 몇몇 황제들은 누구보다 훌륭한 삶을 살고 위대한 성품을 가지고 있었는데도 군인들이나 대신들의 음모로 권력을 잃거나 죽음을 당했기 때문이다. 이런 반론에 답하기 위해 나는 몇몇 황제의 성품을 검토하여, 그들이 몰락하게 된 원인이 내가 주장한 것과 모순되지 않는다는 사실을 밝히려 한다. ”

짧고 메시지

인간의 본성을 넘나들던 마키아벨리가 다시 실증의 영역으로 논리의 지평을 확장시켰다. <군주론>이 500년이 지난 지금까지 회자되고 있는 이유이다.

097

로마 황제들이 살아남은 이유

다른 군주국들은 귀족들의 반란이나 백성들의 봉기를 차단하는 것만으로 충분히 통치가 가능하지만, 로마는 좀 달랐다. 막강한 힘을 가진 군인들의 욕심을 통제해야 했는데, 이것이 많은 로마의 황제들을 파멸로 이끌었다.

평화를 사랑하는 백성들은 온건한 군주를 원하지만 탐욕스러운 군인들은 호전적인 군주를 원하기 때문에, 사실상 백성들과 군인들을 모두 만족시키는 것은 불가능했다.

백성들과 군인들을 동시에 만족시키지 못한 황제들은 몰락할 수밖에 없었지만, 새로 군주가 된 대부분의 황제들은 군인들의 만족을 택했다. 그건 어쩔 수 없는 선택이었다. 모든 이들에게 미움을 받는 군주는 몰락할 수밖에 없기 때문에, 어느 한쪽의 미움이라도 피해야 한다면 그건 더 힘이 있고 위협적인 존재인 군인들이었다.

타고난 자질이나 경험이 부족하여 백성들과 군인들을 동시에 견제할 위엄을 갖추지 못한 황제들은 언제나 몰락했다. 그리고 대부분의 황제들, 특히 새로 제위에 오른 황제들은 이 서로 다른 두 부류의 대립으로 인해 발생되는 어려움을 알고는 군인들을 만족시키려 했으며, 백성들의 피해에 대해서는 별 관심을 두지 않았다. "

짧고 메시지

흔히 말하는 집권세력이라는 것이 바로 이 맥락에서 나온 것이다. 다시 되새겨 보는 교훈 하나. 역시, 정치는 세력이다.

098

부패하고 강력한 세력을 대하는 방법

마르쿠스, 페르티낙스, 알렉산데르는 온건한 성품의 군주들이다. 하지만, 세습에 의해 자리를 물려받은 마르쿠스를 제외하고 모두 비참한 최후를 맞았다. 페르티낙스는 선의를 가지고 군인들의 기강을 바로잡으려했지만 방탕한 생활을 하던 군인들은 페르티낙스가 제시한 엄격한 규율에 반발하며 적대적 관계를 형성했고, 결국 고령이라는 빌미까지 잡혀 여론의 궁지에 몰리다 피살되었다. 여기서 명심해야 할 점이 있다. 군주가 자신의 권력을 유지하기 위해 바른 길만 가서는 안 된다는 점이다. 자신의 권력 유지에 필요하다고 판단되면, 비록 그들이 부패되어 있더라도 비위를 맞춰 지지 세력으로 만들어야 한다.

알렉산데르의 경우도 마찬가지이다. 그는 청렴하고 인자하다는 평가를 받으며 14년 임기 동안 정식 재판 없이는 단 한 명도 처형하지 않았다. 하지만 국정의 실세에 비선인 어머니가 있다고 비난받다가, 군인들의 반란으로 피살되고 말았다.

여기서 주목해야 할 것은, 선행도 악행과 마찬가지로 미움을 불러일으킬 수 있다는 사실이다. 앞에서 말한 것처럼, 자신의 권력을 유지하고자 하는 군주는 종종 선하게 행동하지 말 것을 강요당하게 된다. 군주가 그 지위를 유지하기 위해 의지할 필요가 있다고 판단한 계급이(그것이 백성이든 군인이든 귀족이든) 부패되어 있으면, 군주는 그들을 만족시키기 위해 그 비위를 맞추어야 한다. 그런 상황에서 선행을 한다는 것은 군주 자신에게 해가 될 따름이다. ”

짤고 메시지

군주를 위한 생존 tip. 통치를 위해 필요하다면 바로 잡으려 하지 말고 기꺼이 웃으며 악수를 청하라. 비록, 그들이 썩어 문드러진 부패세력일지라도.

099

잔인하고 탐욕스러운 군주들

앞에 언급한 군주들과 달리 콤모두스, 세베루스, 안토니누스 카라칼라, 막시무스는 매우 잔인하고 탐욕스러운 군주들이다. 그들은 군인들의 지지를 얻기 위해 백성들을 거침없이 탄압했는데, 결과적으로 세베루스를 제외한 모두가 비참한 최후를 맞았다.

세베루스는 백성들을 탄압했지만, 군대를 자기편으로 만들어 최후까지 통치에 성공했다. 그는 백성들과 군인들 모두에게 존경스러운 인물로 비춰졌는데, 그건 사자와 여우의 기질을 모두 겸비한 그의 성품과 뛰어난 실천력 덕분이었다.

세베루스는 비록 백성들을 탄압했지만, 뛰어난 능력으로 군대를 자기편으로 끌어들였으며, 마지막까지 성공적으로 통치할 수 있었다. 그 위대한 자질 덕분에 그는 군인들과 백성들의 눈에 존경할 만한 인물로 보였다. 백성들은 경외감을 가지고 그를 바라보았으며, 군인들은 그를 존경하고 만족스러워했다. 신생 군주로서 그의 행적은 대단히 비범했다. 앞에서 군주에게 필요하다고 말한 사자와 여우의 기질을 그가 얼마나 잘 실천했는지 간단히 살펴보고자 한다. ”

짧고 메시지

강경책이 늘 정답은 아니다. 말을 달리게 하는 건 당근과 채찍이다.

100

세베루스의 투 트랙(two-track) 전략

율리우스 황제의 세력이 약하다는 걸 간파한 세베루스는 황제의 친위대에 의해 살해된 페르티낙스를 복수한다는 명분으로 자신의 군대를 이끌고 로마로 향했다. 황제를 꿈꾸는 자신의 야망은 복수라는 명분으로 철저히 감춰졌으며, 그가 로마에 도착하자 겁에 질린 원로원(고대 로마에서 의회 또는 상원에 해당하는 회의체)은 그를 황제로 옹립하고 율리우스를 처형했다.

하지만, 그가 제국 전체를 지배하기 위해서는 동부 지역을 지휘하는 니게르와 서부지역의 실세 알비누스를 꺾어야 했다. 하지만 세베루스는 동시에 두 사람과 전쟁하는 대신 니게르만을 공격하고 알비누스는 기만하는 전략을 선택했다.

세베루스는 제국 전체를 지배하기 위해 두 가지 어려움을 극복해야 했다. 그 하나는 아시아 방면 군대를 지휘하고 있던 니게르가 황제를 지칭한 일이고, 다른 하나는 서방의 알비누스 역시 제위를 넘보고 있다는 것이었다. 세베루스는 두 사람에게 동시에 전쟁을 선포하는 것은 위험하다고 판단하여, 우선 니게르만 공격하고 알비누스는 속이기로 했다. ”

짤고 메시지

성공한 신생 군주 세베루스의 남다른 전략. 역시 성공에는 그만한 요인이 있기 마련이다.

101

이간질의 정석

그는 알비누스에 보낸 편지에서 '원로원이 자신을 황제로 추대했지만, 알비누스와 지위를 공유하기를 희망했고, 결국 원로원은 공동 황제 체제를 결정했다'고 밝혔다.
알비누스가 편지의 내용을 믿고 안심하는 사이, 재빨리 니게르를 죽이고 동부지역을 평정했다. 다시 로마로 돌아온 세베루스는 원로원에서 알비누스가 자신의 배려를 무시하고 오히려 음모를 꾸며 자신을 살해하려 했다고 주장하며 탄핵했다. 그리고 그를 단죄하기 위해 출병을 주장했고, 결국 프랑스에 있던 알비누스를 살해했다.
사자의 용맹스러움과 여우의 교활함을 동시에 갖춘 세베루스는 모든 이들의 경외의 대상이 되었고, 군대로부터 미움을 받지 않았으며, 결국 신생 군주지만 거대한 제국을 지배할 수 있었다.

세베루스의 행적을 세심하게 검토해 본 사람이라면, 그에게서 사자의 용맹스럽고 사나운 점과 여우의 교활함을 동시에 발견하게 될 것이다. 그는 모든 사람들에게 경외의 대상이 되었고 군대로부터 미움을 받지 않았다. 신생 군주로서 그런 거대한 제국을 지배할 수 있었다는 것도 별로 놀라운 일이 아니다. ”

짤고 메시지

세삼 깨단게 되는 전략의 중요성.

102

폭주한 군주의 비극적 결말

세베루스의 아들인 안토니누스 카라칼라는 뛰어난 성품에 타고난 군인정신으로 무장한 인물이었다. 그는 군인답게 어려움을 잘 견뎌내고 사치를 멀리했으며 나약한 것을 경멸했다. 이를 바탕으로 백성들과 군인들 모두에게 인정을 받았다. 하지만 특유의 포악한 기질은 어쩔 수 없었다. 그는 잔인한 행동을 일삼으며 수많은 로마 주민과 알렉산드리아 주민 대부분을 살해했다. 결국 모든 이들의 두려움과 미움을 동시에 받게 되고, 급기야 자신이 이끌던 군대의 백인대장에게 살해되고 말았다.

카라칼라의 사례는 군주라도 지나치게 폭주하면 누군가에 의해 죽임을 당할 수 있다는 교훈을 준다. 비록 그게 쉽게 발생할 수 있는 일은 아니지만, 카라칼라는 자신의 측근들에게까지 심한 해와 모욕을 주었다. 카라칼라는 백인대장의 형제를 죽이고, 그에게 계속 모욕감을 주면서도 여전히 경호 업무를 맡기는 우를 범했고, 결국 파멸에 이르고 만 것이다.

확고한 결심에 찬 한 개인에 의해 자행되는 이런 암살은 군주라고 해도 피할 길이 없다. 죽음을 대수롭지 않게 여기는 자는 누구나 군주를 죽일 수 있기 때문이다. 그러나 그런 인물은 대단히 드물기 때문에 군주는 그것을 지나치게 두려워할 필요는 없다. 다만 군주는 카라칼라의 경우에서 알 수 있는 것처럼 자기의 측근이나 신하들에게 심한 해나 모욕을 가하지 않도록 주의해야 한다. 카라칼라는 백인대장의 형제를 명예롭지 못하게 죽였으며, 그 후 그 백인대장마저 지속적으로 위협하면서도 그에게 여전히 경호 업무를 맡겼던 것이다. //

짧고 메시지

폭주를 멈추지 않은 군인 출신 군주의 비참한 결말. 경호를 맡던 측근에 의한 죽음까지도 우리가 알고 있는 누군가와 너무 닮았다.

103

세습군주의 몰락, 콤모두스

아버지 마르쿠스로부터 황제의 자리를 물려받은 세습군주 콤모두스는 사실 아주 쉽게 그 자리를 유지할 수 있었다. 그저 아버지가 하던대로 하면 문제가 없을 것이었지만, 그는 스스로 몰락의 길을 선택했다. 잔인하고 난폭한 성격의 소유자였던 그는 자신의 탐욕을 위해 백성들을 제물로 삼는가 하면, 군인들을 통제하지 않고 방치했다. 심지어 검투사들과 대결하며 황제의 권위를 손상시키는 등 격이 떨어지는 행위를 일삼다가, 결국 백성들에게는 미움을, 군인들에게는 경멸을 받아 살해되고 말았다.

잔인하고 흉포한 성격의 소유자였던 그는 자신의 탐욕을 충족시키기 위해 백성들을 제물로 삼았고, 군인의 비위를 맞추어 결국 그들을 방종하게 만들었다. 그는 또한 황제로서의 위엄을 생각하지 않고 종종 경기장에 내려가 검투사들과 대결했다. 그 밖에도 황제의 신분에 어울리지 않는 일들을 많이 저질러 군인들에게 경멸을 받게 되었다. 백성들에게는 미움을, 군인들에게는 경멸을 받았던 그는 결국 음모에 의해 살해되었다. ”

짧고 메시지

세습군주도 깽판을 반복하면 폭망할 수 있다는 교훈을 선사한 콤모두스. 살신성인의 자세는 칭찬할 만하다.

104

듣보잡 군주의 한계

막시미누스는 알렉산데르가 죽자 곧바로 황제로 추대될 수 있었다. 나약한 성품의 아버지와 달리 지극히 호전적인 성격이라 군인들의 지지를 받은 것이다. 하지만 그에 대한 지지는 오래 가지 않았고, 미움과 경멸의 대상이 되어 머지않아 지휘를 잃게 되었다. 이유는 시골 목동이라는 천박한 출신성분과 통치 초기에 곧바로 로마로 가서 황제의 역할을 수행하지 않았다는 점 때문이었다. 그가 로마로 가서 황제로서 적절한 역할을 수행하지 않았기 때문에 그가 임명한 관료들이 로마뿐 아니라 전국 각지에서 수많은 악행을 저질렀는데, 그로 인해 잔인무도하다는 평판을 듣게 된 것이다. 사람들은 그의 미천한 출신성분을 경멸했고, 그의 잔혹함에 두려움을 느껴 반란을 일으켰다. 아프리카를 필두로 로마의 원로원들과 시민들, 이탈리아 전체, 심지어는 그의 군대까지 반란에 가담했는데, 그의 군대는 많은 사람들이 그를 지지하지 않는다는 것을 알고 그를 살해하고 말았다.

그는 두 가지 일로 미움과 경멸의 대상이 되어 그 지위를 오래 지키지 못했다. 그중 하나는 미천한 출신이라는 점이었는데, 그는 한때 트라키아 지방의 목동이었다는 사실이 모든 사람들에게 알려져 경멸당했다. 다른 하나는 통치 초기에 로마로 가서 황제의 자리에 오르는 일을 늦추었다는 점이다. 이런 지연으로 인해 그는 잔인무도하다는 평판을 듣게 되었다. 왜냐하면 그의 지방장관들이 로마뿐 아니라 제국의 각지에서 그의 명령을 수행하면서 수많은 잔혹 행위를 저질렀기 때문이다. ”

❗ 짧고 메시지

출신성분과 측근 비리의 벽을 넘지 못한 비운의 군주 막시미누스. 역시, 군주의 길은 녹록치 않다.

105

예외적 왕국, 술탄

요즘의 군주들은 군인들을 통제하기 위해 모든 노력을 기울일 필요가 없다고 생각한다. 이전 로마 제국의 군대처럼 한 지역에 오래 주둔하면서 그곳을 지배하지 않기 때문이다. 따라서 로마 시대에는 백성들보다 군사들의 지지가 더 필요했지만, 지금은 백성들이 힘이 훨씬 강력하기 때문에 그들의 지지가 더 중요하다.

하지만 예외인 곳이 있는데, 바로 투르크와 이집트의 술탄(이슬람교가 인정한 정치적 지도자) 왕국이다. 투르크의 술탄왕국 주위에는 항상 1만2천 명의 보병과 1만5천 명의 기병이 왕국의 안전을 지키고 있고, 이집트의 술탄 왕국도 전적으로 군대의 통제 하에 있기 때문이다.

오늘날에는 백성들이 훨씬 영향력이 있고 강력하므로, 투르크와 이집트의 술탄을 제외한 군주들은 군사들보다 백성들을 만족시키는 일이 더욱 필요하다. 투르크의 술탄을 제외한 이유는, 그 주위에 항상 1만2천 명의 보병과 1만5천 명의 기병을 거느린 채 그들에게 왕국의 안전과 세력을 의지하고 있기 때문이다. 이와 마찬가지로 이집트의 술탄 왕국도 전적으로 군대의 통제 하에 있으므로, 그 역시 백성들에 대한 배려 없이 군인들을 우호세력으로 삼아야 한다. ”

짧고 메시지

시대가 변했어도 소수는 늘 힘을 필요로 한다. 그런데 소수 종교를 지키는 힘 역시 군대에서 나온다.

106

술탄의 특징

술탄 국가는 다른 군주국들과 전혀 다르다. 교황제도와 비슷하지만 신생 군주국도 아니고 세습 군주국도 아니다. 군주의 아들이 상속자로 왕위를 잇는 것이 아니라, 선거권을 가진 이들에 의해 선출된 자가 왕위에 오른다. 이는 오래 전부터 이어진 제도라 신생 군주가 갖는 어려움이 전혀 없으며, 그래서 신생 군주국이라 부를 수도 없다. 신생 군주지만 국가의 제도는 오래된 것이고, 또 그를 세습 군주처럼 받아들이는 특성이 있다.

술탄의 국가는 다른 모든 군주국들과 전혀 다르다는 점에 주의해야 한다. 즉 신생 군주국으로도 세습 군주국으로도 부를 수 없는 교황 제도와 비슷하다. 왜냐하면 이전 군주의 아들들이 그 상속자로서 왕위를 잇는 것이 아니라 선거권을 가진 사람들에 의해 선출된 자가 왕위에 오르기 때문이다. ”

짤고 메시지

인살리!

제 20 장

요새 구축 등 군주의 정책에 대하여

107

군주의 다양한 정책

국가를 안정적으로 통치하기 위해 군주는 다양한 방법들을 취해 왔다. 신하와 백성들의 무장을 해제시키고, 점령한 도시에서 당파 간 분열을 꾀하기도 했다. 자신에 대한 반감과 적개심을 부추기기도 하고, 동조하지 않는 세력을 회유하기도 했다. 방어를 위해 요새를 쌓거나 반대로 파괴하기도 했다.
이렇게 각각 다른 조치를 취한 것은 각 나라가 처한 상황이 다르기 때문이다.

국가를 보다 안정적으로 통치하기 위해 어떤 군주들은 신민들의 무장을 해제시키고, 어떤 군주들은 자기가 점령한 도시에서 당파 간의 분열을 꾀하기도 했다. 또 어떤 군주들은 자신들에 대한 반감과 적개심을 부추기고, 어떤 군주들은 통치 초기에 의심스러운 사람들을 자기편으로 회유했다. 그리고 어떤 군주들은 요새를 쌓기도 하고, 어떤 군주들은 요새를 파괴하기도 했다. ”

짧고 메시지

결국 상황에 맞는 통치가 필요하다는 말씀. 지당하다.

108

신민들의 무장에 관한 소고(小考)

사실 군주가 신하와 백성들의 무장을 해제한 경우는 없었다. 대신 무기를 제공해 무장시켰다. 그렇게 되면 군주에 동조하지 않던 자들은 충성하게 되고, 본래 충성했던 자들은 계속 충성하게 되어 지지기반이 탄탄해지고 결국 무력은 군주의 것이 된다.

군주가 신하와 백성들의 무장을 해제시키면, 비겁하고 의심이 많아 자신들을 믿지 못한다고 생각하게 되고, 결국 군주에 대한 미움으로 바뀌게 된다. 그렇게 되면 군주는 용병에 의지해야 하는데, 아무리 훌륭한 용병도 강력한 적이나 불신하는 신하와 백성들로부터 군주를 지켜주지는 못한다.

아직껏 신생 군주가 신민들의 무장을 해제시킨 경우는 없었다. 그와는 반대로 신민들이 무장하고 있지 않으면 무기를 제공했다. 왜냐하면 그렇게 하여 이루어진 무력은 군주의 것이 되기 때문이다. ”

그러나 군주가 신민들의 무장을 해제시킨다면, 그들의 감정을 상하게 한 셈이 된다. 왜냐하면 군주가 비겁하거나 의심이 많아 그들을 불신하고 있음을 드러낸 것으로 보기 때문이다. ”

짤고 메시지

더 강한 힘을 갖기 위해 힘을 내준다는 것. 생각으로는 쉽지만 실행하기는 어렵다. 두고두고 곱씹어볼 만하다.

109/

점령한 영토를 다스리는 방법

군주가 다른 나라의 영토를 점령해 본래의 국가에 편입시켰을 경우 도움을 준 세력 외에는 모두 무장을 해제시켜야 한다. 도움을 준 세력도 점점 약화시켜 결국은 본국의 군대에 힘을 집중시켜야 한다.
우리의 선조들은, 피스토이아 같은 도시는 분열을 조장해서 다스리고, 피사는 요새를 지어 다스려야 한다고 말했다. 이건 이탈리아가 어느 정도 세력의 균형을 유지하던 시절에는 가능했지만 지금은 효과적이지 않다. 분열된 도시는 적의 공격에 쉽게 무너지고 마는데, 약한 세력은 침략자의 편을 드는 데다가, 나머지 강한 세력도 그것에 대항할 만한 힘은 없기 때문이다.

군주가 새로운 국가를 본래의 국가의 일부로 병합했을 경우, 그 과정에서 병합을 도운 자들을 제외하고는 모두 무장을 해제시키지 않으면 안 된다. 그리고 병합을 도운 자들에 대해서도 기회를 보아 적절한 시기에 그 세력을 약화시키도록 해야 하며, 병합된 국가의 무력은 군주가 본래 지배하던 국가의 군대에 집중되도록 조취를 취해야 한다. 〃

짧고 메시지

결국, 믿을 것은 자기 자신뿐이다.

110/

분열정책의 한계

베네치아인들은 자신이 지배하던 여러 도시에서 시민들이 파벌 싸움에 빠져 자기들에게 저항하지 못하도록 겔프파와 기벨린파 간의 불화를 조장했지만, 잘 알다시피 성공하지 못했다. 베네치아가 바일라에서 패배한 후 일부 파벌이 반란을 일으켜 베네치아의 모든 영토를 빼앗았기 때문이다.
결국 분열정책은 군주의 힘이 약하다는 것을 스스로 입증하는 것이다. 스스로의 힘으로 지킬 수 없기 때문에 분열정책을 이용하는 것이지만, 막상 전쟁이 일어나면 모두 무용지물이 되고 만다.

이런 분열정책은 군주의 세력이 약하다는 것을 나타낸다. 강력한 군주국이라면 그런 분열은 결코 허용되지 않는다. 그런 분열정책은 평화 시에는 속국의 백성들을 쉽게 다룰 수 있게 해 주지만, 막상 전쟁이 일어나면 그 결함을 드러낼 수밖에 없다. ”

짧고 메시지

그것이 어떤 형태이건, 스스로의 힘이 아닌 다른 요소를 통해 자신을 지킨다는 건 언제 터질지 알 수 없는 폭탄을 품에 안고 있는 일만큼이나 위험한 일이다.

111

굴러온 돌이 박힌 돌 뺀다?

신생 군주는 통치 초기 지지하던 세력보다 동조하지 않았던 세력이 후에 더 충성심이 강하다는 것을 깨닫게 된다. 동조하지 않았던 세력은 그들 자체로 세력을 유지할 만큼 강력한 힘이 없다면 쉽게 자신의 편으로 만들 수 있다. 게다가 그들은 자신들의 부정적인 이미지를 상쇄하기 위해 더 충성할 수밖에 없기 때문에 자신이 위치가 안정적이라고 생각하며 나태해진 측근들보다 그런 인물들이 더 큰 힘이 된다는 것을 명심할 필요가 있다.

군주는 통치 초기에는 적대적이었지만 자신들의 힘만으로 세력을 유지할 만큼 충분히 강하지 못한 사람들은 쉽게 자기편으로 끌어들일 수 있다는 것이다. 그리고 그들 역시 군주에게 한층 더 충직하게 봉사하게 된다. 군주가 자신들에 대해 품고 있는 불리한 초기의 인상을 지워야 한다는 것을 알고 있기 때문이다. 따라서 군주는 자신의 지위가 확고하다고 느낌으로써 군주의 일을 게을리하는 측근들보다 그런 인물들로부터 항상 더 많은 도움을 받을 수 있다는 점을 알게 될 것이다. ”

짧고 메시지

구구절절 옳은 말씀. 고인 물은 반드시 썩게 마련이다.

112

합리적 의심의 필요성

점령한 지역 주민의 도움을 받아 권력을 잡은 신생 군주라면 그들이 왜 그런 도움을 주었는지 숙고해야 한다. 만약 자신에 대한 순수한 호의가 아니라 이전 정권에 대한 불만 때문이었다면, 그들은 신생 군주의 우호세력이 될 수 없다. 그들을 만족시키는 것은 매우 힘들기 때문에, 차라리 이전 군주에 만족해 신생 군주에게 적대적인 자들을 우호세력으로 만드는 것이 훨씬 쉬울 수 있다.

만일 새로운 군주에 대한 순수한 호의가 아니라 단지 이전 정권에 대한 불만이 있어 도와준 것이라면, 그들을 우호세력으로 잡아두기가 매우 어렵고 힘들 것이다. 왜냐하면 신생 군주 역시 그들을 만족시키는 일이 힘들기 때문이다. "

짧고 메시지

우리네 삶에 피가 되고 살이 되는 교훈. 자신에게 도움을 주었다고 덥석 손을 잡는 것만큼 위험한 일은 없다. 왜 도왔는지, 반드시 들여다보자.

113

요새의 양가적 측면

군주는 권력의 안정을 위해 요새를 구축한다. 요새는 내부적인 반란에 대비하거나 외부의 침략에 맞서기 위한 용도로 사용된다.
하지만 니콜라 비텔리는 요새를 파괴하는 것이 현명한 일이라고 했고, 체사레 보르자에 의해 추방되었던 귀도 우발도 공작은 영토를 되찾자마자 요새를 허물어버렸다. 벤티볼리오 가문 사람들도 볼로냐를 되찾고 우발도 공작과 같은 일을 했다.
요새는 군주에게 이롭기도 하지만, 반대로 해를 끼치기도 한다. 외세보다 자기 백성을 두려워하는 군주라면 요새를 쌓아야 하고, 반대의 경우라면 요새를 쌓지 말아야 한다.

만일 새로운 군주에 대한 순수한 호의가 아니라 단지 이전 정권에 대한 불만이 있어 도와준 것이라면, 그들을 우호세력으로 잡아두기가 매우 어렵고 힘들 것이다. 왜냐하면 신생 군주 역시 그들을 만족시키는 일이 힘들기 때문이다. "

짤고 메시지

상식을 뛰어넘는 요새의 아이러니.

114

최선의 요새는 백성의 신뢰

군주에게 최선의 요새는 백성들의 미움을 사지 않는 것이다. 어떤 탄탄한 요새도 백성들이 무기를 들고 일어서면 반드시 지원할 외세가 나타나기 때문에 무용지물이 되고 만다.

재미있는 사례가 있다.

지롤라모 백작이 암살된 후 그의 부인 포를리 백작부인은 요새에서 반란자들의 습격을 피해 나중에 다시 그 지위를 회복할 수 있었다. 그 당시 반란군은 외세의 지원을 받을 수 없었다. 나중에 체사레 보르자가 공격해 올 때는 분노에 찬 백성들이 합세해 요새는 그녀를 지켜주지 못했다. 따라서 그녀가 자신의 안전을 위해 요새를 가지는 것보다 먼저 해야 할 일은 백성들의 미움을 사지 않는 것이었다.

요새는 결국 만들어도 그만, 안 만들어도 그만이다. 하지만 요새만 믿고 백성들의 미움을 받는 일은 절대 하지 말아야 할 일이다.

요새를 쌓는 군주나 쌓지 않는 군주나 다 칭찬을 받아야 할 것이다. 그러나 요새를 지나치게 믿고 백성들의 미움을 사는 것을 개의치 않는 군주는 비난받아 마땅하다. ”

짧고 메시지

간만에 만나보는 휴머니스트 마키아벨리. '군주에게 최선의 요새는 백성들의 미움을 사지 않는 것이다.'

제 21 장

명성을 얻기 위한 군주의 처신에 대하여

115/

명분의 중요성

군주로 명성을 쌓기 위해서 가장 필요한 것은 전투 실적이다. 에스파냐의 왕 페르난도가 가장 좋은 예이다. 그는 처음 아라곤이라는 보잘 것 없는 나라의 신생 군주에 불과했지만 후에 기독교 전체에서 가장 유명한 왕이 되었다.
통치 초기 그라나다를 공격하며 국가의 기초를 탄탄하게 다진 페르난도는 안정된 국력을 바탕으로 전쟁을 이어 나갔다. 끊임없이 이어지는 전투 탓에 제후들은 자국 내 정치에 대해 신경 쓸 겨를이 없었고, 그러는 사이 그는 확실한 지배권을 확보할 수 있었다. 그가 승승장구할 수 있었던 또 다른 이유는 명분이었다. 회교도 왕국을 상대로 벌이는 성전(聖戰)이라는 확실한 명분을 내세웠기 때문에, 교회와 백성들에게 받은 돈으로 강력한 군대를 유지할 수 있었고, 결국 그것이 그의 강력한 힘이 되었다.

그는 무엇보다 나라 안이 안정되고 반대를 무릅쓰지 않아도 될 시기에 전쟁을 시작했다. 그는 카스티야의 제후들로 하여금 전쟁에만 온 신경을 집중하게 했으므로, 그들은 새로운 제도들에 대해서는 생각할 여유가 없었다. ”

짤고 메시지

2003년 석유와 군사산업에서 헤게모니(hegemony)를 장악하기 위해 자행된 미국의 이라크 침공은 명분의 중요성을 새삼 일깨워주는 사건이다.

116

명분의 잔혹한 힘

성전이라는 명분으로 그는 무어인들을 죽였고, 같은 명분으로 아프리카, 이탈리아와 프랑스를 공격했다. 끊임없이 이어지는 성전에 신하와 백성들은 같은 마음으로 그와 함께했기 때문에 그 누구도 반란을 꾀할 시간과 여유가 없었다.
군주가 명성을 쌓는 또 다른 방법은 밀라노 군주 베르나보 공작처럼 국내 사안에 관심을 가지며 반응하는 것이다. 그는 백성들이 특별한 행동을 했을 때 반드시 상을 주거나 벌을 가해 백성들에게 자신의 위치를 각인시켰다.

같은 명분을 내세워 그는 아프리카를 공격했으며,
이탈리아를 침략했고,
마침내 프랑스까지 공격했다. "

짧고 메시지

2003년 미국은 이라크의 사담 후세인 정권이 불법으로 대량살상 무기(WMD: Weapon of Mass Destruction)를 개발하고 테러를 지원해 세계평화를 위협한다는 명분을 내세워 영국은 물론 한국, 호주, 덴마크, 이탈리아, 네덜란드, 일본, 필리핀, 스페인 등 30개 국가로부터 이라크 침공에 대한 지지를 이끌어냈다. 이에 앞서 2002년 1월 부시 미국 대통령은 이라크를 세계평화를 위협하는 '악의 축(axis of evil)'으로 지목하며 자국 내 전쟁의 명분을 확보했고, 같은 해 9월 유엔 총회 연설을 통해 이라크에 대량 살상 무기의 즉각적인 폐지, 테러 지원 중단, 국민 억압 중지 등 5개항을 요구하며 이 사항이 이루어지지 않을 경우 사담 후세인 정권을 축출하겠다는 강력한 의지를 표명했다.

117 /

주변국에 대한 군주의 스탠스

군주는 적과 동지에 대한 확실한 자신의 입장이 있어야 한다. 주변국 중 어느 나라가 우국이고 어느 나라가 적국인지 입장을 명확하게 밝히고 전쟁이 났을 때 그 편에 서서 싸우는 것이 유리하다. 자신의 입장을 명확히 밝히지 않으면 전쟁의 승자에게는 언젠가는 정복해야 될 또 다른 대상이 되고, 패자에게는 함께할 어떤 교감도, 명분도 가질 수 없게 된다.

군주는 자신의 입장을 명확하게 밝히고 당당히 그 편에 서서 싸우는 것이 유리하다. 자신의 입장을 명확하게 밝히지 않았을 경우, 승자의 희생물이 되고 패자에게는 만족과 기쁨을 주게 될 것이다. 그리고 둘 중 어느 한쪽에 자신을 보호하거나 도와달라는 명분도 잃게 된다. 왜냐하면 승자는 자신이 곤경에 빠졌을 때 도움이 되지 않은 믿을 수 없는 동맹을 원치 않고, 또 패자는 군사적으로 지원함으로써 자기와 운명을 함께하지 않았던 자에게 어떤 호의도 베풀지 않을 것이기 때문이다.

짤고 메시지

양다리의 비극적 결말은 남녀 사이에만 국한된 문제가 아니다.

118/

참전의 필요성

전쟁이 나면 우방국은 동참해 싸워주길 바라지만, 그렇지 않을 경우 최소한 중립을 요구한다. 이때 판단력이 흐린 군주는 당장의 위험을 피하기 위해 중립을 택하기도 하는데, 그것이야말로 우둔한 선택이다. 무조건 참전해야 하는 이유는 다음과 같다. 참전했던 나라가 승리해 더 강력한 힘을 갖게 되면 그의 손아귀에 운명이 갈릴 처지가 되지만, 같이 목숨을 걸고 싸운 사람을 공격할 만큼 파렴치한 인간은 없을뿐더러, 최소한의 정의도 무시하고 자기 멋대로 행동해도 될 만큼 완벽한 승리는 없기 때문이다. 참전했던 나라가 패해도, 언제가 같이 제기할 운명의 동맹이 생기는 셈이니 크게 밑지는 장사는 아니다.

이와 같이 우방이 아닌 경우에는 언제나 중립을 요구하는 반면, 우방은 무기를 들고 함께 싸워 줄 것을 요구한다. 결단력 없는 군주는 일반적으로 당장의 위험을 피하기 위해 중립을 택하지만, 대부분의 경우 이는 파멸의 원인이 된다. ”

짧고 메시지

양다리를 걸쳤던 박쥐가 살 곳은 캄캄한 동굴밖에 없다.

119

군주의 선택 기준

군주가 참전할 때 자기보다 강한 자의 편에 서는 것을 경계해야 한다. 승리한다고 해도 자신의 안전을 장담할 수 없기 때문인데, 군주는 어떤 상황에서도 다른 사람에게 자신의 운명을 맡기는 상황만은 피해야 한다.

베네치아인들은 밀라노 공작에게 맞서기 위해 프랑스와 동맹을 맺었다. 이 동맹은 피할 수 있는 것이었지만, 그로 인해 결국 몰락하고 말았다. 교황과 에스파냐 왕이 공격했을 때 피렌체는 동맹을 맺는 것 외엔 다른 방법이 없었다.

결론적으로 말해 완벽한 선택은 없다. 하나의 위험을 피하면 반드시 다른 위험에 직면하기 때문에 모든 선택에는 위험이 따른다. 결국 군주가 해야 할 일은 가장 피해가 적은 선택을 하는 것이다.

어떤 국가나 항상 안전한 정책을 선택할 수 있다고 믿어서는 안 된다. 오히려 모든 정책에는 위험이 따른다고 생각해야 한다. 사물의 이치로 보아, 하나의 위험을 피하려 하면 다른 위험에 직면하기 때문이다. 따라서 신중한 사람은 위험의 정체를 파악하여, 가장 피해가 적은 쪽을 더 나은 정책으로 선택해야 한다. ”

짤고 메시지

역시 군주의 자리는 외롭고 힘들다. 결과만 놓고 이건 선, 저건 악으로 탁탁 잘라 규정짓던 마키아벨리가 처음으로 이럴 수도 있고 저럴 수도 있다며 꼬리를 내렸다.

120

군주에게 필요한 또 다른 면모

군주는 문화예술 종사자들을 아끼고 지원해준다는 것을 어필해야 한다. 또한 백성들이 상업과 농업을 비롯한 각종 산업에 자유롭게 종사할 수 있도록 적극 지원해야 한다. 백성들이 세금이나 약탈이 두려워 경제활동에 매진하지 못하는 일이 없도록 해야 하며, 오히려 국가경제에 도움을 준 경우 적절한 보상을 해 주어야 한다.

또한 모든 도시는 공동체로 구성돼 있기 때문인데, 적절한 시기에 축제나 행사를 만들어 그들에게 기쁨을 주는 것도 중요하다. 때로는 이들과 동참해 함께 즐기며 인간적인 면모를 보여주는 것도 필요하다. 다만, 군주의 위엄이 훼손되지 않는 선에서.

또한 군주는 재능 있는 자들을 아끼고 재주가 뛰어난 자를 우대한다는 것을 과시해야 한다. 더 나아가 상업과 농업 및 그 밖의 분야에서 평화롭고 안전하게 생업에 종사할 수 있도록 권장해야 한다. 그들이 약이 두려워 재산 불리는 것을 망설이거나, 부과될 세금이 무서워 상거래를 못하는 일이 없도록 해야 한다. 오히려 어떤 방법으로든 그의 도시나 국가의 위대함에 기여하려 하는 자들에게 보상을 해 주어야 한다. "

짤고 메시지

군주도 가끔은 인간일 필요가 있다. <군주론>에서 좀처럼 만나기 힘든 귀한 메시지이다.

제 22 장

군주의 측근들

121

측근의 중요성

군주에게 측근을 선택하는 일은 매우 중요하다. 군주의 능력은 그 주변 사람들의 됨됨이를 보면 알 수 있다. 그들이 유능하고 충성심이 강하다면 군주는 현명한 것이다. 그들을 선택하고 충성하게 만드는 것이 군주의 능력이기 때문이다. 반대의 경우라면 군주는 현명하지 못한 것이다. 사람을 잘못 뽑은 것도 군주의 능력이기 때문이다.

군주에게 있어 측근을 선택하는 일은 대단히 중요한 문제이다. 그들이 훌륭한지 어떤지는 군주의 지혜에 따라 결정된다. 따라서 어느 정도 현명한지 가장 쉽게 알 수 있는 방법은 그 주변에 있는 사람들을 살펴보면 된다. 그들이 유능하고 충성스럽다면, 그 군주는 현명하다고 평가할 수 있다. 왜냐하면 군주는 측근들의 재능을 파악하고 그들이 충성을 바치도록 하는 능력이 있기 때문이다. 그러나 그 반대의 경우라면 군주에 대해 좋은 평가를 내릴 수 없다. 그 군주의 가장 중대한 실수는 그런 사람들을 잘못 뽑은 것이기 때문이다. ”

짤고 메시지

그러니까, 사람을 보는 안목도 군주가 갖춰야 할 중요한 덕목이라는 말씀.

122

다양한 종류의 측근

인간은 사물의 이치를 스스로 이해하는 사람, 남이 이야기하는 것을 듣고 이해하는 사람, 스스로 이해하지도 못하고 남의 이야기하는 것을 듣고도 이해하지 못하는 사람으로 나눌 수 있다. 시에나의 위대한 통치자 판돌포 페트루치는 최소한 두 번째 부류에 속했다. 그는 뛰어난 신하인 안토니오 조르다니를 측근으로 두고 있다는 사실만으로도 유능한 통치자로 평가받아 마땅하다. 이유는 간단하다. 군주가 다른 사람의 말을 듣고 옳고 그름을 가려낼 수 있는 능력을 가지면, 측근도 그런 군주를 속일 수 없어 올바르게 처신할 수밖에 없기 때문이다.

대개 인간의 지능에는 세 종류가 있다.
첫 번째 부류는 사물의 이치를 스스로 이해하고, 두 번째 부류는 남이 이야기하는 것을 듣고 이해하며, 세 번째 부류는 스스로 이해하지도 못하고 남이 이야기하는 것을 듣고도 이해하지 못한다. 첫 번째 부류가 가장 우수하고, 두 번째 부류는 우수하며, 세 번째 부류는 쓸모없는 경우라 할 수 있다. ”

짧고 메시지

측근들 때문에 울고 웃는 일이 어제 오늘 일만은 아니었나 보다.

123

군주와 측근의 관계

군주보다 자신의 일에 신경을 쓰고 자신만 생각하는 측근은 절대 신뢰해선 안 된다. 군주의 일을 위임받아 나라를 위해 일해야 하는 사람이 사리사욕에 관심을 가져서는 안 되기 때문이다.
반대로, 군주는 임명한 측근에게 넉넉한 생활비는 물론 명예와 권력도 아낌없이 베풀어야 한다. 그 수혜가 군주의 도움 없이는 불가능하다는 것을 느껴 충성을 다함과 동시에 경제적으로 궁핍이 없어야 사리사욕에 관심을 갖지 않기 때문이다.
군주가 측근과 그런 관계를 유지하면 성공할 수 있지만, 그렇지 못하면 불행한 결과를 맞을 수밖에 없다.

군주가 측근의 사람됨을 분별하는 가장 확실한 방법이 있다. 만약 측근이 군주보다는 자기 자신의 일에 더 마음을 쓰고 또 매사에 자신의 이익만 추구한다면, 그는 결코 좋은 측근이 될 수 없고, 군주는 그를 절대로 신뢰할 수 없다. 군주로부터 국가의 일을 위임받은 자는, 절대로 그 자신의 일이 아니라 군주에 대해서만 생각해야 하기 때문이다. 그리고 직접적으로 군주와 관련이 없는 일에 대해서는 결코 관심을 가져서는 안 되기 때문이다. ”

짤고 메시지

측근의 중요성은 아무리 강조해도 지나치지 않지만, 그런 측근들 옆에 두는 것도 거져되는 건 아니라는 말씀. 지당한 말씀이다.

제 23 장

아첨꾼을
피하는 방법

124

자문위원의 필요성

사람 보는 눈이 없는 군주는 아첨꾼을 피하지 못한다. 인간은 자기기만에 빠지기 쉬운 존재라 아부의 달콤함을 쉽게 이겨내지 못한다. 아첨꾼을 피하는 방법은 생각보다 간단하다. 진실을 말해도 절대 화내지 않겠다는 점을 명백히 하고, 몇몇 핵심 인물들을 선별해 자신이 필요할 때 진실을 말할 수 있게 해야 한다. 그 다음 조언자들에게 솔직한 충고를 할 수 있는 토대를 마련해 주어야 하는데, 방법은 이렇다.

군주는 그들 이외에는 누구의 말도 듣지 않으며, 일단 결정한 것은 반드시 따르고, 자신의 결정한 것에 대해 확신을 보여주어야 한다. 이렇게 하지 않으면 아첨꾼들에 의해 몰락하거나 백성들의 신임을 잃게 된다.

사람이란 자신과 관련된 문제에서 자만심이 강하고 자기기만에 빠지기 쉬우므로, 아첨이라는 질병으로부터 자신을 지켜내지 못한다. 그리고 아첨꾼들로부터 자신을 보호하려고 하면 경멸을 당하게 될 위험이 있다. "

짧고 메시지

인간은 절대로 믿을 수 없는 존재이기 때문에, 시스템으로 그 단점을 보완해야 한다는 결론. 주옥같은 말씀이 아닐 수 없다.

125

조언을 받아들이는 군주의 바람직한 자세

황제 막시밀리안의 조언자인 루카 신부는 황제가 누구에게도 조언을 구하지 않을 뿐만 아니라, 자신의 소신대로도 행동하지 않는다고 털어놓았다. 황제는 혼자 일을 계획하고, 혼자 일을 추진하다가 측근들이 그 일을 알게 돼 비판을 받으면 쉽게 그 일을 포기하고 만다는 것인데, 그래서 오늘 명령한 것이 다음날 취소되는 일이 다반사였다고 고백했다. 그 결과 그 누구도 황제의 결정을 신뢰할 수 없게 된 결과를 초래했다.

군주가 성공하기 위해서는 자신이 원하는 시점에 조언을 구해야 하지만, 요구하지 않은 문제에 대한 조언을 절대 받아들여서는 안 된다. 또한 자신이 요구한 문제에 대해서는 경청해야 하지만, 진실이 아니라고 판단되면 가차 없이 분노하고 꾸짖을 줄도 알아야 한다.

그러므로 군주는 언제나 조언을 구해야 하지만, 다른 사람이 아닌 자신이 원할 때 들어야 한다. 군주가 요구하지 않은 문제에 대한 조언은 결코 받아들여서는 안 된다. 그러나 군주는 정보와 의견을 구하고, 또 자신이 요구한 문제의 조언에 대해서는 참을성 있게 귀를 기울여야 한다. 그리고 무슨 이유에서든 자신에게 진실을 이야기하지 않는 것을 알게 되면, 그는 노여움을 나타내야 한다.

짤고 메시지

인간의 본성에 대한 마키아벨리의 강한 불신이 다시 한 번 느껴지는 대목. 역시 인간은 믿을 수 없는 존재이기 때문에, 필요에 의해 요청한 것이 아니라면 조언을 그대로 받아들여서는 안 된다.

126/

조언과 성공의 상관관계

군주가 현명하다는 평판을 듣는 게 주변의 훌륭한 조언자들 때문이라는 생각은 완전 잘못된 것이다. 왜냐하면 현명하지 못한 군주는 아무리 훌륭한 조언이라도 제대로 받아들일 수 없기 때문이다. 운이 좋게도 뛰어난 조언자에게 군주의 모든 일을 맡길 수는 있겠지만, 그런 조언자라면 곧 나라를 집어삼키려 할 것이 분명하기 때문에 그런 관계는 오래 지속되지 못한다.

현명하지 못한 군주는 여러 사람의 조언을 받으면 옳고 그름을 판별하지 못할 뿐만 아니라. 그 조언들이 모두 자신의 이익을 얻기 위한 것이라 제대로 통제할 수도 없다.

사람은 특별히 필요하지 않으면 항상 악행을 저지르는 습성을 가지고 있어 이런 결과는 불가피하다. 따라서 훌륭한 조언에 의해 군주가 현명해지는 것은 절대 아니라고 말할 수 있다.

만일 현명하지 못한 군주가 여러 사람들로부터 조언을 듣게 되면 일관된 의견을 얻을 수 없으며, 또 그런 의견들을 어떻게 조정할 것인지 알지 못한다. 조언자들은 한결같이 각자의 이익을 내세울 것이므로, 군주는 그 조언들을 제대로 이해하지도 못하며 통제하지도 못할 것이다. 사람이란 어떤 필요에 따라 선한 행동을 해야 하는 경우가 아니라면 항상 악행을 저지르게 마련이기 때문에, 이런 결과는 불가피하다. "

짤고 메시지

귓가를 맴도는 마키아벨리의 시니컬한 목소리.
"사람이란 어떤 필요에 따라 선한 행동을 해야 하는 경우가 아니라면 항상 악행을 저지르게 마련이기 때문에, 이런 결과는 불가피하다."

제 24 장

나라를 잃은
이탈리아
군주들

127/

신생 군주에게 희망을

앞서 기술한 내용을 잘 이행한다면 신생 군주는 오히려 세습 군주보다 빠른 시간 내에 자리를 잡아 안정적인 위치를 확보할 수 있다. 사람들은 지난 일보다 현재의 일에 관심이 많기 때문에 신생 군주는 더 많은 주목을 받기 마련인데, 때문에 작은 행동 하나하나에 민심은 크게 요동친다.

현재에 만족한 사람들은 더 이상의 변화를 바라지 않기 때문에 신생 군주가 긍정적인 행보를 하면서 특별한 잘못을 저지르지 않는 한 민심은 신생 군주를 보호할 것이다. 이런 긍정적인 민심에 더해 새로운 군주국을 건설하고, 훌륭한 법률, 강한 군대, 신뢰할 만한 동맹으로 나라를 잘 정비한다면 신생 군주의 영광은 배가 될 것이다. 반면 나라를 물려받은 세습 군주가 우둔한 행동으로 실책을 거듭한다면, 반대로 잃는 것 또한 배가 될 것이다.

신생 군주의 행동은 세습 군주보다 훨씬 더 많은 관심과 주목을 받게 마련이다. 만약 그의 활동이 훌륭하다고 인정되면, 세습 군주보다 민심을 얻는 데 보다 효과적이고 더욱 많은 인재를 끌어모을 수 있다. 왜냐하면 사람이란 지나간 일보다 현재의 일에 더 깊은 관심이 있고, 현재 상태에 만족하게 되면 그것을 즐기면서 더 이상의 변화를 바라지 않기 때문이다. 그 밖의 다른 문제에서 잘못을 저지르지 않는 한 그들은 신생 군주를 보호하기 위해 최선을 다할 것이다. ”

짧고 메시지

부모한테 나라를 물려받지 못한 가련한 신생 군주들, 좌절하지 말지어다. 원래 대중들은 자수성가한 이들의 성공스토리에 더 감동하는 법이다.

128

실패한 군주들의 공통점

나폴리의 왕이나 밀라노 공작처럼 근래에 권력을 잃은 이탈리아 군주들은 두 가지의 공통적인 결점이 있다. 군대에 취약점이 있다는 점과 백성들이나 귀족들과의 관계가 원만하지 못했다는 점이다. 사실 이런 결점들이 없다면 군주는 쉽게 국가를 잃지 않는다.

마케도니아의 필리포스 왕은 자신을 공격한 로마나 그리스에 비해 국력이나 군사력이 우세하지 않았다. 하지만 그는 용맹스러운 데다, 백성들의 지지를 바탕으로 귀족들을 잘 다뤘기 때문에 여러 해 전쟁을 치르면서도 결국 왕국을 지켜낼 수 있었다.

나폴리 왕, 밀라노 공작 등과 같이 근래에 권력을 잃은 이탈리아의 군주들을 살펴보면, 앞서 길게 논의했던 것처럼 첫째로 군사적인 면에서 공통적인 결점을 가지고 있다. 둘째 그 나라들 중 일부에서는 백성들이 군주에 대해 적대적이었거나, 백성들은 호의적이었지만 귀족들로부터 자신을 안전하게 지키는 방법을 알지 못했다. 이런 결점들이 없다면, 전쟁터에 군대를 파견할 능력이 있는 군주는 결코 나라를 잃지 않을 것이다.

짧고 메시지

취약한 군사력, 등 돌린 민심, 제어되지 않는 귀족들. 사실상 모든 것을 잃은 것이나 다름없다. 당연히 그건 국가의 군주라면 권력을 잃는 것이 마땅하다

129/

군주의 성공조건

오랫동안 지배하던 나라를 잃은 이탈리아의 군주들은 전적으로 자신의 무능함을 원망해야 한다. 그들은 평상시에 아무런 대비책도 없었고, 전쟁이 나면 도망치기 바빴으며, 어딘가에 숨어 백성들이 다시 불러주기만을 기다렸다.
이건 군주로서 올바른 행동이 아니다. 군주는 누군가의 도움을 기다려서는 안 된다. 설령 그런 일이 일어난다 해도 그건 일시적인 현상일 뿐, 지속가능한 힘을 가질 수 없다. 군주는 오직 스스로의 힘으로 국가를 장악했을 때 비로소 성공의 길로 들어설 수 있다.

누군가 자신을 붙잡아 일으켜 줄 것을 기대하며 넘어져서는 안 된다. 아무도 도와주지 않을 수 있으며, 설령 누군가 일으켜 준다 해도 그것으로 군주가 안전해졌다고는 할 수 없다. 그것은 유약하고 비겁한 수단이다. 군주가 자기 스스로의 힘에 의지하지 않았기 때문이다. 자신의 능력에 의한 방어 수단만이 효과적이고 확실하며 오래 가는 법이다. ”

짤고 메시지

스스로의 힘으로 성취한 것만이 진짜 자기 것이라는 마키아벨리의 단호한 메시지. 비단 군주뿐만 아니라 모두가 새겨들어 마땅한 말이다.

제 25 장

운명이 인간사에
미치는 영향,
그리고 운명에
대처하는
법

130

인간의 삶을 지배하는 것

세상일은 운명과 신에 의해 지배되기 때문에 인간의 힘으로 바꿀 수 있는 건 없다고 말하는 이들이 많다. 결국 운명에 맡기는 것 외에 별다른 방법이 없다고 믿는 것인데, 1494년 이탈리아가 외세에 침략당한 이후 지금까지 벌어진 예상치 못한 일들 때문에 이런 믿음은 더욱 확고해졌다.
하지만 나는 신이 인간에게 자유의지를 선사했다는 것을 믿는다. 고로 운명은 인간 행동의 절반만 관여할 뿐이고, 나머지 절반은 인간이 개척해 나갈 수 있는 것이라 생각한다.

인간의 자유의지를 박탈하지 않기 위해서, 나는 운명이란 인간 행동의 절반만 주재할 뿐이고 최소한 나머지 반은 우리 인간들에게 맡겨져 있다는 생각에 이끌린다. "

짤고 메시지

인간의 의지와 신의 섭리를 50대50으로 분할해 세상일의 작동원리를 설명하는 마키아벨리의 정치적 균형 감각에 다시 한 번 놀라고 만다. 당시의 시대 상황을 고려하면, 이건 거의 신의 한수에 가깝다.

131/

운명을 통제하는 방법

운명의 여신은 범람하는 강물과 같다. 범람한 강물은 평원을 덮치고, 집들을 파괴하며, 지형을 변화시킨다. 강물의 난폭함에 사람들은 도망치거나 무릎을 꿇고 만다. 하지만 인간은 강물이 범람하기 전에 제방을 쌓아 그 힘을 약화시키거나 통제할 수 있다.
운명도 마찬가지로 작동한다. 운명은 대항할 힘이 없는 곳에서 맹위를 떨치기 때문에, 제방이나 둑이 없는 곳에 힘을 집중한다. 격변의 장인 이탈리아는 제방이나 둑이 없는 들판이다. 독일, 프랑스, 에스파냐처럼 방어벽을 만들었다면 홍수의 대재앙은 겪지 않았을 것이다.

운명의 여신은 격류가 흐르는 강에 비유할 수 있다. 이 강물은 노하면 평원을 덮치고, 나무와 집들을 파괴하고, 이쪽 땅의 흙을 날라다 저쪽으로 옮겨 놓기도 한다. 모든 사람들이 이 격류에 맞서지 못한 채 도망치거나 그 난폭함에 무릎을 꿇는다. 비록 강물이 그런 본성을 지녔다 해도, 사람들은 날씨가 좋을 때 제방과 둑을 쌓음으로써 다시 강물이 불어나더라도 제방을 넘어오지 못하게 하거나, 설령 넘어온다 할지라도 그 힘을 약화시키거나 통제할 수는 있다. ”

짧고 메시지

운명(불운)이 대항할 힘이 없는 곳에서 맹위를 떨친다는 말은 두고두고 곱씹어볼 만하다.

132

시대의 흐름에 부합하며 산다는 것

현재 승승장구하던 군주가 특별히 잘못한 일이 없음에도 불구하고 하루아침에 몰락하는 경우를 볼 수 있다. 이건 운명에 의지하던 군주의 운이 다해서인데, 그 운이라는 건 다시 말해서 시대의 흐름에 부합했느냐의 문제로 해석할 수 있다. 자신이 추구하는 목표를 향해 나아가는 방식은 모두 다르다. 어떤 사람은 신중하게, 어떤 사람은 과감하게, 어떤 사람은 강력하게, 어떤 사람은 교묘하게, 어떤 사람은 참을성 있게, 어떤 사람은 성급하게 나아간다. 그런데 신중하게 나아가던 두 사람 중 한 명은 실패하고 다른 한 명은 성공하는 경우가 있다. 또한 신중하게 나아가는 사람과 과감하게 나아가는 사람이 모두 성공하는 경우도 있다. 다시 말해 같은 방식으로 다가가도 누군가는 성공하고 누군가는 실패하는 반면, 다른 방식으로 다가가도 모두 성공할 수도 있다는 말이다.

똑같이 신중하게 접근하는 두 사람 중 한 사람은 목표를 달성하고 다른 사람은 실패하는 경우를 볼 수 있다. 또한 서로 다른 기질을 가진 두 사람, 즉 한 사람은 신중하게, 다른 사람은 과감하게 처신했지만 똑같이 성공하는 경우를 볼 수 있다. 이런 모든 결과의 원인은 그들이 시대의 흐름에 맞게 행동했는가에서 찾을 수 있다. 결과적으로 내가 말한 것처럼 서로 다르게 행동한 두 사람이 같은 결과에 도달하고, 똑같이 행동했는데 한 사람은 성공하고 한 사람은 실패하게 될 수 있다. ”

짧고 메시지

시대정신(zeitgeist, 時代精神)이란 동시대를 살고 있는 사람들이 응당 가져야 할 보편타당한 정신자세나 태도를 말한다. 시대정신을 갖는다는 것, 시대의 흐름에 부합되는 삶을 산다는 것은 모든 이들에게 중요하겠지만, 특히 군주에겐 더욱 중요하다.

133

시대정신(zeitgeist, 時代精神)

이런 결과는 목표를 위해 나아가는 사람의 방식이 시대의 흐름에 부합되는지의 여부에 따라 결정된다. 번영과 쇠퇴는 이런 원리에 의해 작동된다. 만약 어떤 사람이 신중하고 참을성 있게 행동하는데, 시대가 그런 사람을 요구한다면 그는 성공할 것이고, 반대로 시대가 변했는데도 이전 방식을 고집한다면 그는 반드시 실패할 것이다.
하지만 시대의 변화에 유연하게 적응할 만큼 용의주도한 사람은 없다. 인간은 타고난 본성과 기질에서 벗어날 수 없고, 자신이 성공했던 방식에서 벗어나려 하지 않기 때문이다. 혹시라도 시대의 흐름에 맞게 자신의 행동을 변화시킬 수 있는 사람이라면 그는 언제나 성공할 수 있을 것이다.

그러나 이런 변화에 유연하게 적응할 만큼 용의주도한 사람은 별로 없다. 인간이란 타고난 본성과 기질로부터 벗어날 수 없고, 또 언제나 성공을 거두어 온 일정한 방법을 쉽게 바꾸려 하지 않기 때문이다. 따라서 만약 신중한 성격의 소유자가 과감하게 행동해야 할 시대의 흐름을 맞는다면, 어떻게 행동해야 할지 몰라서 결국 실패하고 말 것이다. 그러나 시대의 흐름에 맞게 자신의 행동을 변화시킬 수 있다면 그는 언제나 성공할 것이다. ”

짧고 메시지

100세 시대, 청년실업, 저출산, 제4차 산업혁명시대, 뉴노멀(new normal) 시대, 적폐청산과 협치, 남북관계, 코로나19 등등…. 복잡다단한 키워드들이 공존하는 이 시대, 군주가 가져야 할 시대정신은 무엇일까?

134

운명의 주인이 되는 방법

교황 율리우스 2세는 모든 일을 과감하게 처리했는데, 이것이 시대의 흐름과 맞아 늘 좋은 결과를 얻을 수 있었다. 그는 볼로냐를 침공하기 위해 프랑스 왕과 협의 중이었는데, 베네치아인들과 에스파냐 왕은 이 계획에 반대했다. 하지만 그는 과감하게 원정에 나섰고, 결과적으로 프랑스 왕을 자기편으로 끌어들여 성공을 이끌어냈다. 만약 그가 다른 교황들처럼 모든 준비를 마치고 출격했더라면 결코 성공하지 못했을 것이다. 프랑스 왕은 동맹을 거부할 구실을 찾아냈을 것이고, 다른 나라들도 교황이 진격하지 못할 명분을 찾았을 것이다.

만일 그가 다른 교황처럼 모든 준비가 충분히 갖추어진 다음에 비로소 로마를 떠나려고 했다면 결코 성공하지 못했을 것이다. 그렇게 했다면 프랑스 왕은 군대 파견을 연기할 수 있는 수많은 구실을 찾아냈을 것이고, 다른 나라들도 교황이 신중하게 처신해야 할 수천 가지의 이유를 내놓았을 것이다. ”

짤고 메시지

필요할 때 칼을 뽑을 수 있는 용기, 역사의 한 페이지는 그런 사람의 용기에 의해 쓰인다.

135

여신을 정복하는 방법

운명은 변하지만 사람은 자신의 방식을 고집한다. 그 두 가지가 맞아떨어지면 성공하고 그렇지 못하면 실패한다. 어차피 사람이 변할 수 없는 것이라면 과감하게 행동하는 것이 낫다. 운명의 신은 여신이므로, 여신을 정복하려면 거친 남자의 카리스마가 필요하다. 또한 운명의 여신은 젊은 사람들을 좋아하는데, 그들은 과감하고 공격적이며 대담하게 행동하기 때문이다.

이 문제에 대해 나는 신중한 것보다는 과감한 편이 더 낫다고 확신한다. 왜냐하면 운명의 신은 여신이므로, 그녀를 정복하려면 거칠게 다루는 것이 필요하기 때문이다. 그리고 그녀는 신중한 사람보다 과감하게 행동하는 사람에게 더욱 이끌린다는 것은 분명하다. 또한 운명은 젊은 사람들을 좋아한다. 왜냐하면 젊은 사람들은 신중함이 덜하고, 보다 공격적이며, 보다 대담한 행동으로 그녀를 상대하기 때문이다. ”

❗ 짧고 메시지

‘여신을 바라보는 마키아벨리의 마초적인 시각’이라기보다는 자신의 주장을 뒷받침하려는 고도의 은유라고 이해하자.

제 26 장

이탈리아
해방을 위한
권고

136

신생 군주가 필요한 이탈리아

지금까지 제시한 내용을 되새겨보며 나는 이탈리아에 새로운 군주가 나타나 새로운 정권을 탄생시킬 시기인지 곰곰이 생각해 보았다. 결론적으로 말해 지금이 바로 최적기이다. 앞서 말했지만, 이집트의 노예로 있던 이스라엘 민족을 통해 모세가 능력을 발휘할 수 있었고, 메디아인들에게 억압을 받던 페르시아인들이 있었기에 키루스가 위대한 성과를 발휘할 수 있었으며, 아테네인들이 뿔뿔이 흩어져 있었기 때문에 테세우스가 뛰어난 역량을 발휘할 수 있었다. 마찬가지로 이탈리아가 다시 도약하기 위해서는 이스라엘 백성보다 더 비참한 노예 상태가 되어야 하고, 페르시아인들보다 더욱 억압받아야 하고, 아테네인들보다 더욱 뿔뿔이 흩어져 있어야 한다. 게다가 지도자도, 질서도, 안정도 없이 짓밟히고, 약탈당하고, 갈기갈기 찢기고, 유린당하고 있어야 한다.

이탈리아인들이 지닌 정신의 진가를 드러내기 위해서는 지금과 같은 절망적인 상황에 부딪쳐야 할 필요가 있다. 이탈리아인들은 이스라엘 백성보다 훨씬 더 비참한 노예 상태에 있어야 하고, 페르시아인들보다 더욱 억압받아야 하며, 아테네인들보다 더욱 뿔뿔이 흩어져 있어야 한다. 그리고 지도자도 없고, 질서나 안정도 없고, 짓밟히고, 약탈당하고, 갈기갈기 찢기고 유린당하고, 한 마디로 모든 종류의 재난을 겪어야만 한다.

짧고 메시지

절박하고 간절한 마키아벨리의 정세 분석. 너무 처절해 애달프기까지 하다.

137

신생 군주를 기다리는 이탈리아

최근 한 인물이 신의 명령을 받아 이탈리아를 구원할 희망의 빛을 보여주었다. 하지만 생의 절정에서 그는 운명에 배척당해 쓰러져 버렸다.
결국 이탈리아는 시름시름 죽어가며 롬바르디아에서 자행되는 약탈과 나폴리, 토스카나 왕국에서 일어나는 착취의 사슬을 끊어 줄 누군가를 애타게 기다리고 있다.
지금 이탈리아는 신에게 야만적인 탄압과 폭력에서 구원할 인물을 보내달라고 간절히 기도하고 있다. 이탈리아는 그가 깃발을 들고 나타나면 기꺼이 그 뒤를 따를 각오와 열의로 가득 차 있다.

지금 이탈리아는 야만적인 잔인함과 압제에서 구원해 줄 인물을 보내 달라고 신에게 간절하게 기도하고 있다. 이탈리아는 누군가 깃발을 들고 나타나기만 하면 기꺼이 그 뒤를 따를 각오와 열의로 가득 차 있다. ”

짧고 메시지

신생 군주를 옹립하는 마키아벨리의 다짐. 혹은 곧 등장할 신생 군주에게 바치는 찬가.

138/

신이 선택한 메디치 가문

이제 이탈리아의 희망은 오직 전하의 가문(메디치 가문)뿐이다. 전하의 가문은 행운과 능력을 갖추고 있고, 신과 교회의 지지를 받기 때문에 이탈리아를 구원할 수 있다. 내가 앞에 언급한 위대한 군주들의 행보를 되새긴다면, 결코 어렵지 않은 일이다.
그들도 인간이고 그들 중 누구도 지금처럼 절호의 기회를 갖지는 못했다. 그들에게 주어진 상황이 지금 전하에게 놓인 상황처럼 정의롭거나, 쉽거나, 신의 가호를 받은 것은 아니었다. 이건 정말 정의로운 과업이다. 꼭 필요할 때 하는 전쟁이고, 지금 사용하는 무력은 신성한 것이다.
신이 전하를 원하고 있다는 영험한 전조가 곳곳에서 나타나고 있다. 바다가 갈라지고, 구름이 앞길을 지시하며, 바위에서 물이 솟아나고, 하늘에서 만나(이스라엘 사람들이 이집트를 탈출해 광야를 헤맬 때 신이 내려준 음식)가 떨어지며 전하가 이룰 미래의 영광을 예시하고 있다.

신이 전하에게 보내는 특별하고 영험한 전조들이 나타나고 있다. 즉 바다가 갈라지고, 구름이 앞길을 지시하며, 바위에서 물이 솟아나고, 하늘에서 만나가 떨어지는 등 모든 것이 전하가 이룰 미래의 영광을 예시하고 있다. 그 나머지는 전하가 이루시지 않으면 안 되는 것이다. 왜냐하면 신은 우리의 자유의지와 영광을 빼앗지 않기 위해 모든 것을 스스로 다하려고 하지 않기 때문이다. ″

짤고 메시지

모든 수사를 총동원한 마키아벨리식 용비어천가.
캬아~ 자고로 아부란 이렇게 하는 것이다.

139/

이탈리아에 필요한 건 위대한 지도자

앞에서 이름을 든 프란체스코 스포르차나 체사레 보르자 같은 인물들은 전하가 앞으로 이루게 될 영광을 이루지 못했다. 제도도 부실한데다 새로운 제도를 만들어 낼 사람도 없었기 때문이다.
신생 군주에게 새로운 법과 제도를 만드는 일은 매우 중요하고 명예로운 일이다. 한번 만들어진 견고한 제도 위에 뿌리내리면 그 군주는 존경과 찬사의 대상이 된다.
이탈리아에는 뛰어난 인물이 많다. 결투나 소규모 전투에서 탁월한 능력을 보여주는 사람도 많다.
하지만 군대는 나약하다. 그건 뛰어난 지도자가 없기 때문인데, 그 결과 20년 동안 수많은 전쟁에서 이탈리아 군대는 언제나 부진을 면치 못했다.

이탈리아에서 개인들 중에는 뛰어난 능력을 가진 사람이 많은데, 우두머리들은 그렇지 못하다. 결투나 소규모의 전투에서 보여주는 이탈리아인들의 힘과 기술, 그리고 재주는 대단하다. 그러나 일단 군대라는 형태로 싸울 때는 그런 특징을 찾아볼 수 없다. 이 모든 것은 지도자들의 나약함으로부터 비롯된다.

짧고 메시지

이탈리아의 영광을 위해, 이제 위대한 지도자인 당신이 나서야만 한다.

140

이탈리아 해방의 첫 단추, 자국군대 양성

전하의 가문이 군주로 성공하기 위해서는 자신만의 군대를 조직해야 한다. 병사 개개인이 뛰어난 역량들을 직접 지휘하고, 존중하며, 단결시켜, 더욱 뛰어난 군대로 만들어야 한다. 결국 외세로부터 이탈리아를 지키는 방법은 전하 자신의 사람들로 이루어진 군대를 양성하는 일이다.
스위스와 에스파냐의 보병은 강력하지만 둘 다 약점이 있어 공략 포인트가 명확하다. 에스파냐군은 기병에 약하고, 스위스군은 물러서지 않고 맞불을 놓는 강력한 보병을 두려워한다. 알고 있는 것처럼, 에스파냐의 보병은 프랑스 기병을 이기지 못하고, 스위스 보병은 에스파냐의 보병에게 패했다.
독일군은 에스파냐군을 이길 수 없었는데, 기병대가 없었다면 전멸했을 수도 있다. 결국, 두 나라 보병의 결점을 포착하면 새로운 체계의 부대를 조직할 수 있다. 적절한 무기를 선택하고 탁월한 전술을 통해 완전히 새로운 군대를 조직한다면 그 영광은 온전히 신생 군주인 전하에게 돌아갈 것이다.

만일 영광스러운 전하의 가문이 나라를 구원한 위대한 인물들을 본받고자 한다면, 무엇보다 먼저 모든 군사행동의 참된 기초가 될 전하 자신의 군대를 조직해야 한다. 왜냐하면 그보다 더 충성스럽고 믿을 만하고 훌륭한 군대는 없기 때문이다. 그리고 그 병사 개개인이 아무리 용감하다 할지라도, 군주가 그들을 직접 지휘하고, 존중하고 후대하면, 단결하여 훨씬 훌륭한 군대가 될 것이다. 그러므로 이탈리아인의 힘만으로 외세로부터 우리를 지키기 위한 첫 단계는 전하 자신의 사람들로 이루어진 군대를 양성하는 일이다. "

짧고 메시지

군대를 장악하는 자가 세상을 지배한다. 마키아벨리가 <군주론>을 통해 가장 강조하는 말이다.

141/

옹립을 위한 마키아벨리의 마지막 찬가

이탈리아가 오랫동안 기다려 온 메시아를 발견한 이상 무슨 일이 있어도 이 기회를 놓칠 수 없다. 이방인들에게 탄압받던 모든 이탈리아인들이 메시아를 열렬이 지지할 것이다. 야만족의 지배로 인한 악취가 모든 사람의 코를 찌르고 있다. 이제 영광스러운 전하의 가문이 용기와 희망을 가지고 이 정의로운 임무를 맡아 주어야 한다. 그리하여 전하의 깃발 아래 우리 조국은 숭고해지고, 전하의 지도하에 페트라르카의 시가 현실이 될 수 있을 것이다.

분노보다는 용맹으로
무기를 들 것이다.
전투는 짧게 끝날 것이다.
그 옛날의 용기가
이탈리아 사람들의 가슴속에 아직 살아 있으므로….

야만족의 지배로 인한 악취가 모든 사람의 코를 찌르고 있다. 이제 영광스러운 전하의 가문이 용기와 희망을 가지고 이 정의로운 임무를 맡아 주어야 한다. 그리하여 전하의 깃발 아래 우리 조국은 숭고해지고, 전하의 지도하에 페트라르카의 시가 현실이 될 수 있을 것이다. ”

짧고 메시지

시대를 잘 만났으면 마키아벨리는 위대한 시인이 됐을지도 모를 일이다. 1300년대에 활동했던 이탈리아의 시인 프란체스코 페트라르카의 시보다 마키아벨리의 마지막 말이 더 절절하게 가슴에 와 닿는다.

짤라보는 고전 군주론

초판 1쇄 발행 2020년 11월 20일

지은이 시민 K
펴낸이 최영민
펴낸곳 헤르몬하우스
인쇄 미래피앤피
주소 경기도 파주시 신촌2로 24
전화 031-8071-0088
팩스 031-942-8688
전자우편 hermonh@naver.com
등록일자 2015년 3월 27일
등록번호 제406-2015-31호

ISBN 979-11-87244-70-7 (03160)

· 본문 발췌 내용은 홍신문화사의 고전에서 미래를 읽는다 시리즈 〈군주론〉에서 발췌하였습니다.
· 책 값은 뒤 표지에 있습니다.
· 헤르몬하우스는 피앤피북의 임프린트 출판사입니다.